교사용 지침서

BASA와 함께하는
읽기능력 증진 개별화 프로그램

읽기 나침반
① 음운인식편

| 김동일 저 |

학지사

읽기는 인류 역사상 새로운 문명을 개척하는 가장 강력한 요소였으며, 자신을 표현하는 중요한 방식이었습니다. 오늘날 과학기술의 발전과 더불어 매일 새로운 정보를 접하게 됨에 따라 읽기를 통한 학습과 읽기 능력의 중요성은 늘 강조되고 있습니다. 따라서 읽기 능력은 학교 학습의 기초이며, 나아가 학생들의 학업과 생활 전반의 중요한 수단으로서 읽기 활동은 필수적입니다.

이에 취학 전 가정에서 한글 학습을 준비하며 초등학교 입학 전 한글을 익히는 것을 당연시하게 되었습니다. 그럼에도 학교 현장에는 여전히 난독증, 학습부진 및 학습장애뿐만 아니라 다양한 문화·경제·언어 특성과 같은 요인들로 인하여 읽기 학습에 어려움을 겪는 학생들이 존재합니다. 이에 따라 읽기에 어려움을 보이는 학습자의 정확한 진단 및 적절한 교육 지원의 필요성이 대두됩니다.

우리나라 현실에서는 학교가 학습자의 개별적인 읽기 수행에 맞추어 탄력적으로 수업을 진행하기 어렵고, 모든 학습자에게 가장 효과적인 교수 방법을 찾는 일 또한 요원해 보입니다. 이에 『BASA와 함께하는 읽기능력 증진 개별화 프로그램: 읽기 나침반』 시리즈는 읽기에 심각한 어려움을 겪는 학습자의 현재 수행 수준과 발달 패턴을 살펴보면서 개별화교육이 가능하도록 연구 작업을 통하여 개발되고 수정되었습니다. 이 시리즈는 BASA(Basic Academic Skills Assessment: 기초학습기능 수행평가체제) 읽기검사 결과에 따라 추가적인 중재가 필요한 학습자를 대상으로 학업 생존기술(survival skills)로서 읽기 학습에 초점을 맞추고 있습니다. 따라서 단순히 한글 자모를 외우면서 읽기를 처음 배우는 것을 넘어서서, 다양한 읽기 필수 기능으로서 음운인식, 유창성, 어휘지식, 이해를 계통적으로 밟아 나가며 읽기 전략을 익히도록 기획하였습니다.

1권 〈음운인식편〉은 학습자 중심으로 구성된 '학생용', 그리고 학습자를 돕는 '교사용'으로 구성되었습니다. '학생용'은 총 3단계 과정으로서 1단계에서는 기본모음, 자음을 포함하고, 2단계에서는 쌍자음과 이중모음의 조합을 소개하며, 3단계에서는 복받침을 제외한 받침들을 종류별로 나누어 소개하고 있습니다. 부록에는 학습자가 각 학습 활동에서 사용할 수 있는 붙임딱지와 직접 오려 사용할 수 있는 글자를 포함하여 흥미롭게 진행할 수 있게 제작하였습니다. 이 부록의 글자들은 색깔 코딩이 되어 있어 학습자가 조금 더 의미 있게 한글을 익힐 수 있게 하였습니다.

2권 〈읽기유창성편〉 역시 학습자 중심으로 구성된 '학생용'과 학습자를 돕는 '교사용'으로 구성되어 있으며, 총 3단계 9차시로 구성되어 있습니다. 1단계에는 동요, 동시, 짧은 글을, 2단계에는 감상글, 주장글, 설명글을, 그리고 3단계에는 전래동화, 역할극, 뉴스글을 구성하여 단계별로 지문의 길이가 늘어나며, 차시별로 다양한 종류의 글을 학습자에게 제공하고 있습니다. 또한 '한 걸음 더 나아가기'를 통하여 학습자가 읽기에서 많이 나타나는 읽기의 법칙을 익히고, 읽기에 흥미와 재미를 가질 수 있는 활동들을 함으로써 읽기에 대한 자신감과 성취감을 느낄 수 있도록 하였습니다. 교사용은 학습자를 지도하는 교육자 또는 학부모가 학습자와 함께 할 수 있도록 구성하였습니다.

3권 〈어휘편〉은 초등학교 국어 교과서 어휘들의 빈도분석을 실시하여 학습자에게 우선적으로 가르쳐야 하는 어휘목록을 추출해, 그것을 활용하여 개발하였습니다. 또한 초등학교 교육과정에서 어휘 학습목표를 중심으로 단계를 구분하고, 초등학교 저·중·고학년에서 사용하는 어휘를 단계적으로 사용해 난이도를 구분하였습니다. 각 단계에서는 학습자가 개념을 충분히 이해할 수 있도록 문제풀이는 물론 교사 또는 또래와의 상호작용을 통해 능동적으로 참여할 수 있게 하는 활동을 포함함으로써 학습한 개념을 복습하고 응용할 수 있도록 구성하였습니다.

4권 〈읽기이해편〉은 총 3단계 과정으로 구성하였는데, 각 단계는 초등학교 1~2학년, 3~4학년, 5~6학년 국어 교과서 및 학년 수준의 읽기 자료를 담고 있습니다. 각 단계에서는 읽기 이해에 필수적인 이야기 구성요소 파악하기, 요약하기, 추론하기 등의 개념 및 원리를 학습자가 그림카드, 게임하기, 도식자 등 다양한 자료와 활동을 통하여 쉽게 이해하고 적용할 수 있도록 제시하였습니다.

이 시리즈는 읽기를 찬찬히 꼼꼼하게 공부하는 우리 학생을 먼저 생각하여 교과서 및 다양한 읽기 자료를 기반으로 개별화 학습이 가능하도록 구성되었습니다. 우리 학생들이 의미 있는 증거기반 읽기전략 학습 탐색의 기회에 지속적으로 참여하면서 자신의 눈높이에서 학습자 중심의 자기주도학습의 주체로서 읽기를 배우고 즐기기를 진심으로 기대합니다.

2017년
서울대학교 교육종합연구원 특수교육연구소(SNU SERI) 소장
오름 김동일

📊 음운인식이란?

음운인식이란 말소리가 개별적인 여러 단어로 이루어져 있으며, 단어는 음절, 음소와 같은 하위 단위로 나뉘어 있음을 의식적으로 지각하고 이들의 조합을 분리하거나 조작할 수 있는 능력을 말합니다. 다시 말해, 구어에서 사용되는 단어에 포함되어 있는 여러 소리의 단위와 유형을 지각하고 있음을 의미하는 것이지요.

📊 음운인식능력과 읽기발달

보편적으로 음운인식이 잘 발달된 아동일수록 읽기와 쓰기 능력이 잘 발달한다고 알려져 있습니다. 만약 각각의 소리로 단어를 만드는 것을 이해하지 못하고 문자언어의 관계를 정확히 알고 있지 못하다면 아동은 문자언어의 형태를 그림처럼 인식하거나 그냥 외울 수밖에 없습니다. 다른 학습영역보다 유독 읽기에서 어려움을 겪는 난독증 아동이 대표적인 사례이지요. 말하기가 매우 유창한 아동이라도 해독을 위해서는 각각의 소리에 대한 문자 상징을 정확하게 이해해야만 합니다. 그러니 초기 읽기 능력의 성공 여부는 일정한 수준의 음운인식 능력에 달려 있다고 해도 과언이 아닌 셈이지요.

📊 음운인식 지도의 효과

아동에게 음절(종합된 음을 나타내는 여러 개의 음소로 이루어진 소리의 단위)을 인지할 수 있는 능력이 생기면 음운 조직을 이해하는 데 큰 도움이 되기 때문에 자음과 모음으로 결합된 한글의 원리 습득이 용이하게 되고, 이는 단어 재인 능력 향상에도 큰 도움을 줍니다. 초기 읽기 단계에서 아동이 문자를 소리 내어 읽어 보고 그 소리를 대화에서 사용하던 기존 어휘와 연결해 의미를 스스로 발견할 수 있도록 음절과 단어를 연관하여 지도하면 그 효과를 높일 수 있습니다.

📊 RTI 교수법(중재반응모형, Response-to-Intervention)

RTI는 2001년부터 학습장애 판별을 위해 새롭게 적용된 학습모델입니다. 1수준은 학교 수업처럼 모든 일반 아동을 대상으로 실시하는 대그룹 교수(약 20~30명)이며, 진전도를 점검하여 지속적인 어려움을 보이는 아동을 선별하여 2수준 교수를 받도록 합니다. 2수준은 소그룹 교수(약 5~7명)로, 보다 집중

적으로 교육받을 수 있는 환경과 교재가 제공되며, 충분히 교수를 제공받았음에도 여전히 진전이 없는 아동은 3수준 교수를 받도록 합니다. 3수준 교수는 철저히 개별화된 교수를 제공하도록 권고되며, 아동의 수준에 맞는 개별적으로 고안된 중재를 받도록 합니다.

〈음운인식편〉은 3수준 교수가 필요한 아동을 대상으로 학생과 교사의 개별화 수업을 진행하는 것이 가장 효과가 있도록 제작되었으며, 아동의 개별적인 특성과 수준에 맞는 교재를 제공하기 위하여 자음·모음, 초성+중성 글자 및 단어, 초성+중성+종성 글자 및 단어로 나누어 구성되었습니다.

받침 모양과 발음 소리가 꼭 일치하지 않는 복받침(ㄴㅈ, ㄴㅎ, ㄲ 등)은 '음운인식편'에 포함하지 않았으며, 2권 '읽기유창성편'에서 소개됩니다.

📊 음운인식편의 단계별 소개

1단계(1~15차시)	2단계(16~35차시)	3단계(36~55차시)
자음·모음 (이중모음, 쌍자음 포함)	초성+중성 (받침이 없는 글자, 단어)	초성+중성+종성 (받침이 있는 글자, 단어)
• 단순모음과 미끌모음: 직관적이고 쉬운 단순모음(ㅏ, ㅓ, ㅗ, ㅜ, ㅡ, ㅣ)과 단순모음에서 미끄러지며 소리가 나는 미끌모음(ㅑ, ㅕ, ㅛ, ㅠ)을 따라 쓰면서 발음을 익힌다. • 자음과 쌍자음: 발음할 때 입 모양이 비슷한 자음끼리 묶어 연습한다. • 이중모음: 단순모음과 미끌모음에서 발음이 이어지는 모음끼리 묶어 연습한다.	• 자음+단순모음: 가장 많이 사용되는 조합으로 글자를 익힌 후, 글자를 활용하여 단어를 만드는 연습을 한다. • 자음+미끌모음: 미끌모음을 활용한 글자와 단어를 쓰고 발음한다. • 쌍자음+단순모음: 쌍자음과 모음의 조합을 이해하고 활용한다. • 자음+이중모음: 다양한 이중모음을 익히고 정확히 발음한다. • 쌍자음+이중모음: 쌍자음과 이중모음을 활용하여 글자와 단어를 만든다.	• 초성+단순모음+기본받침(ㄱ, ㄴ, ㄹ, ㅁ, ㅂ, ㅇ): 고유의 발음받침이 있는 자음을 연습한다. • 초성+단순모음+ㄷ소리(ㄷ, ㅅ, ㅆ, ㅈ, ㅊ, ㅌ, ㅎ) 가족: ㄷ으로 발음되는 자음끼리 묶어 연습한다. • 초성+단순모음+ㄱ·ㅂ소리(ㄱ-ㅋ-ㄲ/ㅂ-ㅍ) 가족: ㄱ과 ㅂ으로 발음되는 자음끼리 묶어 연습한다. • 초성+이중·미끌모음+기본받침(ㄱ, ㄴ, ㄹ, ㅁ, ㅂ, ㅇ) • 초성+이중·미끌모음+ㄷ소리(ㄷ, ㅅ, ㅆ, ㅈ, ㅊ, ㅌ, ㅎ) 가족 • 초성+단모음+ㄷ소리(ㄷ, ㅅ, ㅆ, ㅈ, ㅊ, ㅌ, ㅎ) 가족 • 초성+이중·미끌모음+ㄱ·ㅂ소리(ㄱ-ㅋ-ㄲ/ㅂ-ㅍ) 가족

🎼 음운인식편 활용 팁

첫째, 워크북을 시작하기 전 기초학습기능 수행평가체제: 초기문해(음운인식)을 활용하여 기초선을 측정하고 목표를 설정합니다. 이는 아동의 현재 수행수준을 파악할 수 있게 할 뿐만 아니라 학습 속도와 방향을 제시합니다.

둘째, 워크북은 기본적으로 두 파트로 나뉘어 있습니다. 하나는 학습자 중심으로 학습자에게 제공되는 '학생용'이고 다른 하나는 학습자를 도와주는 (교사, 부모 등이 같이 하는) '교사용'으로 구성되어 있습니다. 학습자의 학습흥미 유발과 이해력 증진을 위하여 학습에 자극이 되는 부록 및 여러 교구를 활용할 수 있으며, 본 교재 활동은 과제로 내주어 학습한 내용을 충분히 습득하였는지 확인하는 데 활용할 수 있습니다.

셋째, 2, 3단계는 복습 활동지를 포함하고 있습니다. 복습 활동지는 2단계 4개, 3단계 6개로 구성되어 있으므로 활동지 수행 결과를 통해 각 단계를 충분히 학습했는지 판단하는 기준이 될 수 있습니다.

넷째, 한 단계가 올라갈 때마다 기초학습기능 수행평가체제: 초기문해(음운인식)을 활용하여 진전도를 확인합니다. 이는 처음에 설정한 목표를 학습자가 잘 따라오고 있는지 확인하는 것으로, 학습자의 학습 속도가 예상 목표보다 느리거나 빠를 경우 진전도 점검을 통해 목표를 수정하여 개별화교육을 더 효과 있게 실행할 수 있겠습니다.

학습자의 필요에 따라서 학생용 워크북은 순서를 유동적으로 바꾸거나 학습자의 눈높이에 맞추어 개별화 교육에 더 도움이 되도록 활용할 수 있습니다.

차 례

단계

01

1차시 ▶ 기본모음

📖 **학습 목표** 모음을 보고 이해할 수 있다.

✒ **모음의 구성을 알아봅시다.** [부록]

| • | ― | ㅣ |

💡 **TIP** 모음은 이 세 글자를 조합하여 만들어졌습니다. '•'를 'ㅣ'의 오른쪽에 쓰면 'ㅏ'가 되고 '•'를 'ㅣ'의 왼쪽에 쓰면 'ㅓ'가 됩니다. '•'를 'ㅡ'의 위에 쓰면 'ㅗ'가 '•'를 'ㅡ'의 아래에 쓰면 'ㅜ'가 됩니다. 또한 '•'을 'ㅣ'의 오른쪽에 두 번 쓰면 'ㅑ'가 되고 왼쪽에 두 번 쓰면 'ㅕ'가 됩니다. 마찬가지로 '•'을 위에 두 번 쓰면 'ㅛ'가 되고 아래에 두 번 쓰면 'ㅠ'가 됩니다.

부록 활용 💡 **TIP** 선생님께서는 학생이 잘 연결할 수 있도록 도와주세요.

✒ **각 모음을 써 봅시다.**

ㅏ	ㅣ•	ㅣ○	ㅏ	ㅏ
ㅑ	ㅣ⋮	ㅣ○○	ㅑ	ㅑ
ㅓ	•ㅣ	○ㅣ	ㅓ	ㅓ
ㅕ	⋮ㅣ	○○ㅣ	ㅕ	ㅕ
ㅗ	ㅗ	ㅗ	ㅗ	ㅗ
ㅛ	ㅛ	ㅛ	ㅛ	ㅛ
ㅜ	ㅜ	ㅜ	ㅜ	ㅜ
ㅠ	ㅠ	ㅠ	ㅠ	ㅠ
ㅡ	―	―	―	―
ㅣ	ㅣ	ㅣ	ㅣ	ㅣ

💡 **TIP** '•'와 'ㅣ' 그리고 'ㅡ'를 연결하면 모음이 됩니다.

2차시 ▶ 단순모음

📖 **학습 목표** 단순모음(ㅏ ㅓ ㅗ ㅜ ㅡ ㅣ)을 발음할 수 있다.

✍ 각 모음의 발음을 선생님을 따라 읽어 봅시다. 그리고 소리 내어 읽으며 빈칸에 모음을 써 봅시다. **부록**

ㅏ	/아-/	ㅏ	ㅏ	ㅏ
ㅓ	/어-/	ㅓ	ㅓ	ㅓ
ㅗ	/오-/	ㅗ	ㅗ	ㅗ
ㅜ	/우-/	ㅜ	ㅜ	ㅜ
ㅡ	/으-/	ㅡ	ㅡ	ㅡ
ㅣ	/이-/	ㅣ	ㅣ	ㅣ

TIP 선생님께서는 /아-/와 같은 발음기호를 크게 읽어 주세요. 먼저 각 모음을 충분히 연습한 뒤, 각 모음을 연달아 발음할 수 있도록 지도하시면 더 효과적인 학습이 가능합니다. 다음으로, 학생 스스로 모음을 빈칸에 적으며 발음해 볼 수 있도록 연습시간을 주시기 바랍니다.

부록 활용 TIP 선생님께서는 부록을 사용해서 각 모음의 모양을 손으로 만져 보면서 익힐 수 있도록 지도하시면 좋습니다.

✍ 각 모음에 맞는 붙임딱지를 붙여 보고 아래에 직접 써 보아요. **부록**

	ㅏ	ㅓ	ㅗ	ㅜ	ㅡ	ㅣ
붙임딱지:						
내 글씨:						

3차시 ▶ 미끌모음

📖 **학습 목표** 미끌모음(ㅑㅕㅛㅠ)을 발음할 수 있다.

✏️ 각 모음의 발음을 선생님을 따라 읽어 봅시다. 그리고 소리 내어 읽으며 빈칸에 모음을 써 봅시다. **부록**

ㅑ	/이/+/아/=/야/	ㅑ	ㅑ	ㅑ
ㅕ	/이/+/어/=/여/	ㅕ	ㅕ	ㅕ
ㅛ	/으/+/오/=/요/	ㅛ	ㅛ	ㅛ
ㅠ	/으/+/우/=/유/	ㅠ	ㅠ	ㅠ

💡 **TIP** 선생님께서는 /야-/와 같은 발음기호를 크게 읽어 주세요. 먼저 각 모음을 충분히 연습한 뒤, 각 모음을 연달아 발음할 수 있도록 지도하시면 더 효과적인 학습이 가능합니다. 다음으로, 학생 스스로 모음을 빈칸에 적으며 발음해 볼 수 있도록 연습시간을 주시기 바랍니다.

부록 활용 💡 **TIP** 선생님께서는 부록을 사용해서 각 모음의 모양을 손으로 만져 보면서 익힐 수 있도록 지도하시면 좋습니다.

✏️ 각 모음에 맞는 붙임딱지를 붙여 보고 아래에 직접 써 보아요. **부록**

ㅑ	ㅕ	ㅛ	ㅠ
붙임딱지:			
내 글씨:			

4차시 ▶ 기본자음

📖 **학습 목표** 기본자음을 보고 이해할 수 있다.

✍ 모양이 비슷한 것끼리 짝지어 볼까요? 부록

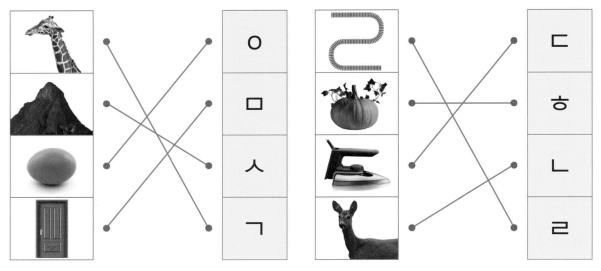

💡 TIP 주변에 있는 사물에서 모음을 찾아보도록 지도합니다. 예 칠판: ㅁ/각도기: ㅅ

부록 활용 ✋ TIP 선생님께서는 부록을 사용해서 각 자음의 모양을 손으로 만져 보면서 익힐 수 있도록 지도하시면 좋습니다.

✍ 각 자음을 써 봅시다. 순서를 올바르게 쓰면서 크게 읽어 보아요.

ㄱ /기역/="그"	ㄱ	ㄱ	ㅇ /이응/="으"	◎	◎
ㄴ /니은/="느"	ㄴ	ㄴ	ㅈ /지읒/="즈"	ㅈ	ㅈ
ㄷ /디귿/="드"	ㄷ	ㄷ	ㅊ /치읓/="츠"	ㅊ	ㅊ
ㄹ /리을/="르"	ㄹ	ㄹ	ㅋ /키읔/="크"	ㅋ	ㅋ
ㅁ /미음/="므"	ㅁ	ㅁ	ㅌ /티읕/="트"	ㅌ	ㅌ
ㅂ /비읍/="브"	ㅂ	ㅂ	ㅍ /피읖/="프"	ㅍ	ㅍ
ㅅ /시옷/="스"	ㅅ	ㅅ	ㅎ /히읗/="흐"	ㅎ	ㅎ

쌍자음

5차시 ▶

📖 **학습 목표** 쌍자음을 보고 이해할 수 있다.

✏️ 모양이 비슷한 것끼리 짝지어 볼까요? 부록

💡 **TIP** 주변에 있는 사물에서 모음을 찾아보도록 지도합니다.

부록 활용 📖 **TIP** 선생님께서는 부록을 사용해서 각 쌍자음의 모양을 손으로 만져 보면서 익힐 수 있도록 지도하시면 좋습니다.

✏️ 각 자음을 써 봅시다. 순서를 올바르게 쓰면서 크게 읽어 보아요.

ㄲ /쌍기역/="끄"	ㄲ	ㄲ	ㅉ /쌍지읒/="쯔"	ㅉ	ㅉ
ㅆ /쌍시옷/="쓰"	ㅆ	ㅆ	ㅃ /쌍비읍/="쁘"	ㅃ	ㅃ
ㄸ /쌍디귿/="뜨"	ㄸ	ㄸ			

6차시 ▶ 자음(양순음)

📖 **학습 목표** 양순음(ㅁ ㅂ ㅃ ㅍ)을 발음할 수 있다.

✍ 각 자음의 발음을 선생님을 따라 읽어 봅시다. 그리고 소리 내어 읽으며 빈칸에 자음을 써 봅시다.

ㅁ	/므/	ㅁ	ㅁ	ㅁ
ㅂ	/브/	ㅂ	ㅂ	ㅂ
ㅃ	/쁘/	ㅃ	ㅃ	ㅃ
ㅍ	/프/	ㅍ	ㅍ	ㅍ

💡 **TIP** 선생님께서는 /므/, /브/, /쁘/, /프/와 같은 발음기호를 크게 읽어 주세요. 위의 자음들은 윗 입술과 아랫입술이 닿았다가 떨어지면서 소리가 난다는 공통점이 있습니다. 학생이 공통점을 발견할 수 있도록 입모양을 최대한 크고 정확하게 보여 주세요.

✍ 'ㅁ', 'ㅂ', 'ㅃ', 'ㅍ' 발음은 윗입술과 아랫입술이 닿았다가 떨어지면서 소리가 난다는 공통점이 있어요. 4개의 자음을 연달아 빠르게 발음해 보세요. 자음을 분류해 보면서 읽어 보아요.
부록

부록 활용 💡 **TIP** 선생님께서는 부록의 자음을 준비하시고 /므/, /브/, /쁘/, /프/와 같은 발음기호를 하나씩 천천히 발음하다가 빠르고 리듬감 있게 발음할 수 있도록 지도해 주세요.

✍ 선생님의 발음을 듣고 맞는 자음을 찾아 동그라미 쳐 보세요.

① /므/	ㅁ	ㅂ	ㅍ	② /쁘/	ㅂ	ㅍ	ㅃ
③ /프/	ㅂ	ㅂ	ㅍ	④ /브/	ㅁ	ㅂ	ㅍ

✍ 선생님이 연속해서 들려주는 발음을 듣고 맞는 자음에 동그라미 쳐 보세요.

① /므-쁘/	ㅁ-ㅂ	ㅁ-ㅃ	② /므-프/	ㅂ-ㅍ	ㅁ-ㅍ
③ /브-프/	ㅁ-ㅍ	ㅂ-ㅍ	④ /쁘-브/	ㅃ-ㅂ	ㅂ-ㅃ
⑤ /프-브/	ㅍ-ㅂ	ㅂ-ㅂ	⑥ /프-쁘/	ㅂ-ㅃ	ㅍ-ㅃ

💡 **TIP** 자음에 동그라미를 치는 것 대신, 자음카드를 활용하여 직접 선택할 수 있도록 지도해도 좋습니다.

7차시 ▶

자음(연구개음)

📖 **학습 목표** 연구개음(ㄱ ㄲ ㅋ ㅇ)을 발음할 수 있다.

✏️ 각 자음의 발음을 선생님을 따라 읽어 봅시다. 그리고 소리 내어 읽으며 빈칸에 자음을 써 봅시다.

ㄱ	/그/	ㄱ	ㄱ	ㄱ
ㄲ	/끄/	ㄲ	ㄲ	ㄲ
ㅋ	/크/	ㅋ	ㅋ	ㅋ
ㅇ	/으/	◎	◎	◎

💬 **TIP** 선생님께서는 /그/, /끄/, /크/, /으/와 같은 발음기호를 크게 읽어 주세요. 위의 자음들은 혀의 뒷부분과 연구개 사이에서 나는 소리라는 공통점이 있습니다. 학생이 공통점을 발견할 수 있도록 입모양을 최대한 크고 정확하게 보여 주세요.

✏️ 'ㄱ', 'ㄲ', 'ㅋ', 'ㅇ' 발음은 <u>혀의 뒷부분과 입천장 사이에서 나는 소리라는 공통점</u>이 있어요. 4개의 자음을 연달아 바르게 발음해 보세요. 자음을 분류해 보면서 읽어 보아요. 부록

부록 활용 💬 **TIP** 선생님께서는 부록의 자음을 준비하시고 /그/, /끄/, /크/, /으/와 같은 발음기호를 하나씩 천천히 발음하다가 빠르고 리듬감 있게 발음할 수 있도록 지도해 주세요.

✏️ 선생님이 연속해서 들려주는 발음을 듣고 맞는 자음을 찾아 동그라미 쳐 보세요.

① /그/	ㄱ	ㄲ	ㅇ	② /크/	ㄲ	ㅇ	ㅋ
③ /으/	ㄲ	ㅋ	ㅇ	④ /끄/	ㄱ	ㄲ	ㅇ

✏️ 선생님이 연속해서 들려주는 발음을 듣고 맞는 자음에 동그라미 쳐 보세요.

① /그-끄/	ㄱ-ㄲ	ㄱ-ㅋ	② /그-으/	ㄲ-ㅇ	ㄱ-ㅇ
③ /끄-으/	ㄱ-ㅇ	ㄲ-ㅇ	④ /크-끄/	ㅋ-ㄲ	ㄲ-ㅋ
⑤ /으-끄/	ㅇ-ㄲ	ㄲ-ㄲ	⑥ /으-크/	ㅇ-ㅋ	ㅇ-ㄲ

💬 **TIP** 자음에 동그라미를 치는 것 대신, 자음카드를 활용하여 직접 선택할 수 있도록 지도해도 좋습니다.

8차시 ▶ 자음(치조음)

📖 **학습 목표** 치조음(ㄷ ㄸ ㅌ ㄴ)을 발음할 수 있다.

📝 각 자음의 발음을 선생님을 따라 읽어 봅시다. 그리고 소리 내어 읽으며 빈칸에 자음을 써 봅시다.

ㄷ	/드/	ㄷ	ㄷ	ㄷ
ㄸ	/뜨/	ㄸ	ㄸ	ㄸ
ㅌ	/트/	ㅌ	ㅌ	ㅌ
ㄴ	/느/	ㄴ	ㄴ	ㄴ

💡 **TIP** 선생님께서는 /드/, /뜨/, /트/, /느/와 같은 발음기호를 크게 읽어 주세요. 위의 자음들은 혀끝과 윗 앞니 뒷면의 잇몸이 맞닿았다가 떨어지면서 소리가 난다는 공통점이 있습니다. 학생이 공통점을 발견할 수 있도록 입모양을 최대한 크고 정확하게 보여 주세요.

📝 'ㄷ', 'ㄸ', 'ㅌ', 'ㄴ' 발음은 <u>혀끝과 윗앞니 뒷면의 잇몸이 맞닿았다가 떨어지면서 소리가 난다</u>는 공통점이 있어요. 4개의 자음을 연달아 빠르게 발음해 보세요. 자음을 분류해 보면서 읽어 보아요. `부록`

부록 활용 💡 **TIP** 선생님께서는 부록의 자음을 준비하시고 /드/, /뜨/, /트/, /느/와 같은 발음기호를 하나씩 천천히 발음하다가 빠르고 리듬감 있게 발음할 수 있도록 지도해 주세요.

📝 선생님의 발음을 듣고 맞는 자음을 찾아 동그라미 쳐 보세요.

① /드/	ㄷ	ㄸ	ㅌ	② /뜨/	ㄸ	ㅌ	ㄴ
③ /트/	ㅌ	ㄴ	ㄷ	④ /느/	ㄴ	ㄷ	ㄸ

📝 선생님이 연속해서 들려주는 발음을 듣고 맞는 자음에 동그라미 쳐 보세요.

① /드-뜨/	ㄷ-ㅌ	ㄷ-ㄸ	② /드-트/	ㄷ-ㅌ	ㄷ-ㄴ
③ /드-느/	ㄸ-ㅌ	ㄷ-ㄴ	④ /뜨-트/	ㄸ-ㅌ	ㄸ-ㄴ
⑤ /뜨-느/	ㅌ-ㄴ	ㄸ-ㄴ	⑥ /트-느/	ㅌ-ㄴ	ㄷ-ㄸ

💡 **TIP** 자음에 동그라미를 치는 것 대신, 자음카드를 활용하여 직접 선택할 수 있도록 지도해도 좋습니다.

9차시 ▶ 자음(경구개음)

📖 **학습 목표** 경구개음(ㅈ ㅉ ㅊ)을 발음할 수 있다.

🖍 각 자음의 발음을 선생님을 따라 읽어 봅시다. 그리고 소리 내어 읽으며 빈칸에 자음을 써 봅시다.

ㅈ	/즈/	ㅈ	ㅈ	ㅈ
ㅉ	/쯔/	ㅉ	ㅉ	ㅉ
ㅊ	/츠/	ㅊ	ㅊ	ㅊ

💡 **TIP** 선생님께서는 /즈/, /쯔/, /츠/와 같은 발음기호를 크게 읽어 주세요.

🖍 'ㅈ', 'ㅉ', 'ㅊ' 발음은 윗니와 맞닿아 있는 입천장에 혀끝이 닿았다가 빠르게 떼면서 소리가 난다는 공통점이 있어요. 3개의 자음을 연달아 빠르게 발음해 보세요. 자음을 분류해 보면서 읽어 보아요. **부록**

부록 활용 🖍 **TIP** 선생님께서는 부록의 자음을 준비하시고 /즈/, /쯔/, /츠/와 같은 발음기호를 하나씩 천천히 발음하다가 빠르고 리듬감 있게 발음할 수 있도록 지도해 주세요.

🖍 선생님의 발음을 듣고 맞는 자음을 찾아 동그라미 쳐 보세요.

① /쯔/	ㅈ	ㅉ	ㅊ	② /즈/	ㅉ	ㅈ	ㅊ
③ /츠/	ㅊ	ㅉ	ㅈ	④ /쯔/	ㅊ	ㅈ	ㅉ

🖍 선생님이 연속해서 들려주는 발음을 듣고 맞는 자음에 동그라미 쳐 보세요.

① /즈-쯔/	ㅈ-ㅉ	ㅉ-ㅈ	② /쯔-즈/	ㅈ-ㅉ	ㅉ-ㅈ
③ /쯔-츠/	ㅈ-ㅉ	ㅉ-ㅊ	④ /츠-쯔/	ㅊ-ㅉ	ㅉ-ㅊ
⑤ /츠-즈/	ㅊ-ㅈ	ㅈ-ㅊ	⑥ /즈-츠/	ㅊ-ㅈ	ㅈ-ㅊ

💡 **TIP** 자음에 동그라미를 치는 것 대신, 자음카드를 활용하여 직접 선택할 수 있도록 지도해도 좋습니다.

10차시 ▶ 자음(기타음)

📖 **학습 목표** 기타 자음(ㅅ ㅆ ㅎ ㄹ)을 발음할 수 있다.

✏️ 각 자음의 발음을 선생님을 따라 읽어 봅시다. 그리고 소리 내어 읽으며 빈칸에 자음을 써 봅시다.

ㅅ	/스/	ㅅ	ㅅ	ㅅ
ㅆ	/쓰/	ㅆ	ㅆ	ㅆ
ㅎ	/흐/	ㅎ	ㅎ	ㅎ
ㄹ	/르/	ㄹ	ㄹ	ㄹ

💡 **TIP** 선생님께서는 /스/, /쓰/, /흐/, /르/와 같은 발음기호를 크게 읽어 주세요.

✏️ 'ㅅ', 'ㅆ', 'ㅎ', 'ㄹ' 발음은 발음에 유의해서 4개의 자음을 연달아 빠르게 발음해 보세요. 자음을 분류해 보면서 읽어 보아요. **부록**

부록 활용 ✏️ **TIP** 선생님께서는 부록의 자음을 준비하시고 /스/, /쓰/, /흐/, /르/와 같은 발음기호를 하나씩 천천히 발음하다가 빠르고 리듬감 있게 발음할 수 있도록 지도해 주세요.

✏️ 선생님의 발음을 듣고 맞는 자음을 찾아 동그라미 쳐 보세요.

① /ㅅ/	ㅅ	ㅆ	ㅎ	② /ㅆ/	ㅆ	ㅎ	ㄹ
③ /ㅎ/	ㄹ	ㅎ	ㅆ	④ /ㄹ/	ㄹ	ㅅ	ㅎ

✏️ 선생님이 연속해서 들려주는 발음을 듣고 맞는 자음에 동그라미 쳐 보세요.

① /ㅅ-ㅆ/	ㅅ-ㅆ	ㅎ-ㅅ	② /ㄹ-ㅎ/	ㅎ-ㄹ	ㄹ-ㅎ
③ /ㅅ-ㅎ/	ㅆ-ㅅ	ㅅ-ㅎ	④ /ㅅ-ㄹ/	ㅅ-ㄹ	ㅆ-ㅎ
⑤ /ㄹ-ㅆ/	ㅅ-ㅎ	ㄹ-ㅆ	⑥ /ㅆ-ㅅ/	ㅆ-ㅅ	ㅆ-ㅎ

✏️ 손가락 동작만으로 어떤 발음의 자음인지 맞춰 봅시다.

💡 **TIP** 자음에 동그라미를 치는 것 대신, 자음카드를 활용하여 직접 선택할 수 있도록 지도해도 좋습니다.

11차시 ▶ 이중모음('ㅏ'와 'ㅓ'의 친구들)

📖 **학습 목표** ㅏ ㅓ와 관련된 이중모음 ㅐ ㅔ을 발음할 수 있다.

📖 배웠던 기본 모음을 바탕으로 이중모음의 구성을 알아봅시다.

•	━	ㅣ

✏ 아래의 모음을 써 보고 배워 봅시다.

ㅏ	ㅣ•	ㅣ○	ㅏ	ㅏ
ㅐ	ㅣ•ㅣ	ㅣ○ㅣ	ㅐ	ㅐ
ㅓ	•ㅣ	○ㅣ	ㅓ	ㅓ
ㅔ	•ㅣㅣ	○ㅣㅣ	ㅔ	ㅔ

💡 **TIP** 선생님께서는 학생들이 <u>왼쪽부터</u> 차례대로 쓸 수 있게 지도해 주세요.

✏ 각 모음에 맞는 모음 붙임딱지를 붙여 보고 아래에 직접 써 보아요. 부록

부록 활용 💡 **TIP** 선생님께서는 아래 이중모음을 학생들이 듣고 찾을 수 있게 정확히 발음해 주시고 학생이 정확한 이중모음을 찾게 도와주세요. 단어 안에 적절히 넣어서 정확히 발음해 주시면 됩니다.
예: "집에 와서" "어머니" "아버지" "애벌레"
필요하면 이중모음 부분을 여러 번 강조하고 반복해도 좋습니다. 학생들이 최대한 정확하게 찾는 것이 중요합니다.

	ㅓ	ㅐ	ㅏ	ㅔ
붙임딱지:				
내 글씨:				

12차시 ▶ 이중모음('ㅑ'와 'ㅕ'의 친구들)

📖 **학습 목표** ㅑ ㅕ와 관련된 이중모음 ㅒ ㅖ를 발음할 수 있다.

✏️ 배웠던 기본 모음을 바탕으로 이중모음의 구성을 알아봅시다.

:	―	ㅣ

✏️ 아래의 모음을 써 보고 배워 봅시다.

ㅑ	ㅣ:	ㅣ○	ㅑ	ㅑ
ㅒ	ㅣ:ㅣ	ㅣ○ㅣ	ㅒ	ㅒ
ㅕ	:ㅣ	○ㅣ	ㅕ	ㅕ
ㅖ	:ㅣㅣ	○ㅣㅣ	ㅖ	ㅖ

💡 **TIP** 선생님께서는 학생들이 왼쪽부터 차례대로 쓸 수 있게 지도해 주세요.

✏️ 각 모음에 맞는 모음 붙임딱지를 붙여 보고 아래에 직접 써 보아요. 부록

부록 활용 💡**TIP** 선생님께서는 아래 이중모음을 학생들이 듣고 찾을 수 있게 정확히 발음해 주시고 학생이 정확한 이중모음을 찾게 도와주세요. 단어 안에 적절히 넣어서 정확히 발음해 주시면 됩니다.
예: "야호!" "애기" "여우" "예쁘다"
필요하면 이중모음 부분을 여러 번 강조하고 반복해도 좋습니다. 학생들이 최대한 정확하게 찾는 것이 중요합니다.

	ㅑ	ㅒ	ㅕ	ㅖ
붙임딱지:				
내 글씨:				

13차시 ▶ 이중모음('ㅗ'의 친구들)

📖 **학습 목표** ㅗ와 관련된 이중모음 ㅘ ㅚ ㅙ를 발음할 수 있다.

✏️ 배웠던 기본 모음을 바탕으로 이중모음의 구성을 알아봅시다.

•	─	ㅣ

✏️ 아래의 모음을 써 보고 배워 봅시다.

ㅗ	•	○	ㅜ	ㅗ
ㅘ	•ㅏ	○ㅣ○	ㅘ	ㅘ
ㅚ	•ㅣ	○ㅣ	ㅚ	ㅚ
ㅙ	•ㅣ•	○ㅣ○ㅣ	ㅙ	ㅙ

💡 **TIP** 선생님께서는 학생들이 <u>왼쪽부터</u> 차례대로 쓸 수 있게 지도해 주세요.

✏️ 각 모음에 맞는 모음 붙임딱지를 붙여 보고 아래에 직접 써 보아요. 부록

부록 활용 💡**TIP** 선생님께서는 아래 이중모음을 학생들이 듣고 찾을 수 있게 정확히 발음해 주시고 학생이 정확한 이중모음을 찾게 도와주세요. 단어 안에 적절히 넣어서 정확히 발음해 주시면 됩니다.
예: "<u>왜</u>요?" "<u>외</u>딴섬" "오<u>이</u>" "집에 <u>와</u>서"
필요하면 이중모음 부분을 여러 번 강조하고 반복해도 좋습니다. 학생들이 최대한 정확하게 찾는 것이 중요합니다.

	ㅚ	ㅘ	ㅗ	ㅙ
붙임딱지:				
내 글씨:				

이중모음('ㅜ'의 친구들)

14차시 ▶

📖**학습 목표** ㅜ와 관련된 이중모음 ㅝ ㅟ ㅞ를 발음할 수 있다.

🖐 배웠던 기본 모음을 바탕으로 이중모음의 구성을 알아봅시다.

•	―	ㅣ

✍ 아래의 모음을 써 보고 배워 봅시다.

ㅜ	ㅜ	ㅜ	ㅜ	ㅜ
ㅝ	ㅜ•ㅣ	ㅜ ㅣ	ㅝ	ㅝ
ㅟ	ㅜ ㅣ	ㅜ ㅣ	ㅟ	ㅟ
ㅞ	ㅜ•ㅐ	ㅜ ㅐ	ㅞ	ㅞ

💡 **TIP** 선생님께서는 학생들이 <u>왼쪽부터</u> 차례대로 쓸 수 있게 지도해 주세요.

✍ 각 모음에 맞는 모음 붙임딱지를 붙여 보고 아래에 직접 써 보아요.

부록 활용 📗 **TIP** 선생님께서는 아래 이중모음을 학생들이 듣고 찾을 수 있게 정확히 발음해 주시고 학생이 정확한 이중모음을 찾게 도와주세요. 단어 안에 적절히 넣어서 정확히 발음해 주시면 됩니다.
예: "<u>위</u>장" "<u>웨</u>딩 드레스" "타<u>워</u>" "<u>우</u>리 집"
필요하면 이중모음 부분을 여러 번 강조하고 반복해도 좋습니다. 학생들이 최대한 정확하게 찾는 것이 중요합니다.

	ㅚ	ㅘ	ㅗ	ㅙ
붙임딱지:				
내 글씨:				

15차시 ▶ 이중모음('ㅡ'와 'ㅣ'의 친구들)

📖**학습 목표** — ㅡ ㅣ와 관련된 이중모음 ㅢ를 발음할 수 있다.

✏️ 배웠던 기본 모음을 바탕으로 이중모음의 구성을 알아봅시다.

✏️ 아래의 모음을 써 보고 배워 봅시다.

💡 **TIP** 선생님께서는 학생들이 <u>왼쪽부터</u> 차례대로 쓸 수 있게 지도해 주세요.

✏️ 각 모음에 맞는 모음 붙임딱지를 붙여 보고 아래에 직접 써 보아요.

부록 활용 💡 **TIP** 선생님께서는 아래 이중모음을 학생들이 듣고 찾을 수 있게 정확히 발음해 주시고 학생이 정확한 이중모음을 찾게 도와주세요. 단어 안에 적절히 넣어서 정확히 발음해 주시면 됩니다.
예: "그리고 " "이마" "의자"
필요하면 이중모음 부분을 여러 번 강조하고 반복해도 좋습니다. 학생들이 최대한 정확하게 찾는 것이 중요합니다.

ㅡ	ㅣ	ㅢ	ㅣ

붙임딱지:

내 글씨:

단계

02

16차시 ▶ 자음 + 단순모음(ㅏㅓㅗㅜㅡㅣ)

📖 **학습 목표** 자음 + 단순모음(ㅏㅓㅗㅜㅡㅣ)으로 이루어진 글자를 읽고 발음할 수 있다.

✏️ 자음과 모음 'ㅏ'으로 이루어진 글자를 따라 적으면서 크게 발음하여 봅시다. 먼저 써 본 후에 글자를 만들어 보아요. (부록)

ㄱ + ㅏ	/그/+/아/	/가/	가	가	가
ㄴ + ㅏ	/느/+/아/	/나/	나	나	나
ㄷ + ㅏ	/드/+/아/	/다/	다	다	다
ㄹ + ㅏ	/르/+/아/	/라/	라	라	라
ㅁ + ㅏ	/므/+/아/	/마/	마	마	마
ㅂ + ㅏ	/브/+/아/	/바/	바	바	바
ㅅ + ㅏ	/스/+/아/	/사/	사	사	사
ㅇ + ㅏ	/으/+/아/	/아/	아	아	아
ㅈ + ㅏ	/즈/+/아/	/자/	자	자	자
ㅊ + ㅏ	/츠/+/아/	/차/	차	차	차
ㅋ + ㅏ	/크/+/아/	/카/	카	카	카
ㅌ + ㅏ	/트/+/아/	/타/	타	타	타
ㅍ + ㅏ	/프/+/아/	/파/	파	파	파
ㅎ + ㅏ	/흐/+/아/	/하/	하	하	하

💡 **TIP** 선생님께서는 /그/+/아/=/가/와 같이 발음 과정과 발음을 크게 읽으며 정확한 발음을 할 수 있도록 지도해 주세요.

부록 활용 💡 **TIP** 선생님께서는 부록을 사용해서 자음과 모음을 손으로 직접 조작하면서 글자를 익힐 수 있도록 도와주세요.

자음과 모음 'ㅓ'으로 이루어진 글자를 따라 적으면서 크게 발음하여 봅시다. 먼저 써 본 후에 글자를 만들어 보아요. 부록

ㄱ + ㅓ	/그/+/어/	/거/	거	거	거
ㄴ + ㅓ	/느/+/어/	/너/	너	너	너
ㄷ + ㅓ	/드/+/어/	/더/	더	더	더
ㄹ + ㅓ	/르/+/어/	/러/	러	러	러
ㅁ + ㅓ	/므/+/어/	/머/	머	머	머
ㅂ + ㅓ	/브/+/어/	/버/	버	버	버
ㅅ + ㅓ	/스/+/어/	/서/	서	서	서
ㅇ + ㅓ	/으/+/어/	/어/	어	어	어
ㅈ + ㅓ	/즈/+/어/	/저/	저	저	저
ㅊ + ㅓ	/츠/+/어/	/처/	처	처	처
ㅋ + ㅓ	/크/+/어/	/커/	커	커	커
ㅌ + ㅓ	/트/+/어/	/터/	터	터	터
ㅍ + ㅓ	/프/+/어/	/퍼/	퍼	퍼	퍼
ㅎ + ㅓ	/흐/+/어/	/허/	허	허	허

TIP 선생님께서는 /그/+/어/=/거/와 같이 발음 과정과 발음을 크게 읽으며 정확한 발음을 할 수 있도록 지도해 주세요.

부록 활용 TIP 선생님께서는 부록을 사용해서 자음과 모음을 손으로 직접 조작하면서 글자를 익힐 수 있도록 도와주세요.

✏️ 자음과 모음 'ㅗ'으로 이루어진 글자를 따라 적으면서 크게 발음하여 봅시다. 먼저 써 본 후에 글자를 만들어 보아요. (부록)

ㄱ + ㅗ	/그/+/오/	/고/	고	고	고
ㄴ + ㅗ	/느/+/오/	/노/	노	노	노
ㄷ + ㅗ	/드/+/오/	/도/	도	도	도
ㄹ + ㅗ	/르/+/오/	/로/	로	로	로
ㅁ + ㅗ	/므/+/오/	/모/	모	모	모
ㅂ + ㅗ	/브/+/오/	/보/	보	보	보
ㅅ + ㅗ	/스/+/오/	/소/	소	소	소
ㅇ + ㅗ	/으/+/오/	/오/	오	오	오
ㅈ + ㅗ	/즈/+/오/	/조/	조	조	조
ㅊ + ㅗ	/츠/+/오/	/초/	초	초	초
ㅋ + ㅗ	/크/+/오/	/코/	코	코	코
ㅌ + ㅗ	/트/+/오/	/토/	토	토	토
ㅍ + ㅗ	/프/+/오/	/포/	포	포	포
ㅎ + ㅗ	/흐/+/오/	/호/	호	호	호

TIP 선생님께서는 /그/+/오/=/고/와 같이 발음 과정과 발음을 크게 읽으며 정확한 발음을 할 수 있도록 지도해 주세요.

부록 활용 TIP 선생님께서는 부록을 사용해서 자음과 모음을 손으로 직접 조작하면서 글자를 익힐 수 있도록 도와주세요.

📘 자음과 모음 'ㅜ'으로 이루어진 글자를 따라 적으면서 크게 발음하여 봅시다. 먼저 써 본 후에 글자를 만들어 보아요. (부록)

ㄱ+ㅜ	/그/+/우/	/구/	구	구	구
ㄴ+ㅜ	/느/+/우/	/누/	누	누	누
ㄷ+ㅜ	/드/+/우/	/두/	두	두	두
ㄹ+ㅜ	/르/+/우/	/루/	루	루	루
ㅁ+ㅜ	/므/+/우/	/무/	무	무	무
ㅂ+ㅜ	/브/+/우/	/부/	부	부	부
ㅅ+ㅜ	/스/+/우/	/수/	수	수	수
ㅇ+ㅜ	/으/+/우/	/우/	우	우	우
ㅈ+ㅜ	/즈/+/우/	/주/	주	주	주
ㅊ+ㅜ	/츠/+/우/	/추/	추	추	추
ㅋ+ㅜ	/크/+/우/	/쿠/	쿠	쿠	쿠
ㅌ+ㅜ	/트/+/우/	/투/	투	투	투
ㅍ+ㅜ	/프/+/우/	/푸/	푸	푸	푸
ㅎ+ㅜ	/흐/+/우/	/후/	후	후	후

💡 TIP 선생님께서는 /그/+/우/=/구/와 같이 발음 과정과 발음을 크게 읽으며 정확한 발음을 할 수 있도록 지도해 주세요.

부록 활용 📘 TIP 선생님께서는 부록을 사용해서 자음과 모음을 손으로 직접 조작하면서 글자를 익힐 수 있도록 도와주세요.

자음과 모음 '─'으로 이루어진 글자를 따라 적으면서 크게 발음하여 봅시다. 먼저 써 본 후에
글자를 만들어 보아요. (부록)

ㄱ + ─	/그/+/으/	/그/	그	그	그
ㄴ + ─	/느/+/으/	/느/	느	느	느
ㄷ + ─	/드/+/으/	/드/	드	드	드
ㄹ + ─	/르/+/으/	/르/	르	르	르
ㅁ + ─	/므/+/으/	/므/	므	므	므
ㅂ + ─	/브/+/으/	/브/	브	브	브
ㅅ + ─	/스/+/으/	/스/	스	스	스
ㅇ + ─	/으/+/으/	/으/	으	으	으
ㅈ + ─	/즈/+/으/	/즈/	즈	즈	즈
ㅊ + ─	/츠/+/으/	/츠/	츠	츠	츠
ㅋ + ─	/크/+/으/	/크/	크	크	크
ㅌ + ─	/트/+/으/	/트/	트	트	트
ㅍ + ─	/프/+/으/	/프/	프	프	프
ㅎ + ─	/흐/+/으/	/흐/	흐	흐	흐

TIP 선생님께서는 /그/+/으/=/그/와 같이 발음 과정과 발음을 크게 읽으며 정확한 발음을 할 수 있도록 지도해 주세요.

부록 활용 TIP 선생님께서는 부록을 사용해서 자음과 모음을 손으로 직접 조작하면서 글자를 익힐 수 있도록 도와주세요.

자음과 모음 'ㅣ'으로 이루어진 글자를 따라 적으면서 크게 발음하여 봅시다. 먼저 써 본 후에 글자를 만들어 보아요. 부록

ㄱ + ㅣ	/그/+/이/	/기/	기	기	기
ㄴ + ㅣ	/느/+/이/	/니/	니	니	니
ㄷ + ㅣ	/드/+/이/	/디/	디	디	디
ㄹ + ㅣ	/르/+/이/	/리/	리	리	리
ㅁ + ㅣ	/므/+/이/	/미/	미	미	미
ㅂ + ㅣ	/브/+/이/	/비/	비	비	비
ㅅ + ㅣ	/스/+/이/	/시/	시	시	시
ㅇ + ㅣ	/으/+/이/	/이/	이	이	이
ㅈ + ㅣ	/즈/+/이/	/지/	지	지	지
ㅊ + ㅣ	/츠/+/이/	/치/	치	치	치
ㅋ + ㅣ	/크/+/이/	/키/	키	키	키
ㅌ + ㅣ	/트/+/이/	/티/	티	티	티
ㅍ + ㅣ	/프/+/이/	/피/	피	피	피
ㅎ + ㅣ	/흐/+/이/	/히/	히	히	히

TIP 선생님께서는 /그/+/이/=/기/와 같이 발음 과정과 발음을 크게 읽으며 정확한 발음을 할 수 있도록 지도해 주세요.

부록 활용 TIP 선생님께서는 부록을 사용해서 자음과 모음을 손으로 직접 조작하면서 글자를 익힐 수 있도록 도와주세요.

아래 글자를 보며 같은 자음을 찾아 모두 동그라미 쳐 봅시다. 찾은 다음 모음을 바꾸어 가며 글자의 변화를 관찰해요. (부록)

고	치	가	추	피
루	사	조	리	로
시	수	포	투	버
하	히	호	구	저
느	토	나	로	추
후	피	흐	티	허
다	기	무	도	노
피	파	비	조	후
초	추	시	루	으
토	서	타	키	하
커	후	리	스	코
부	호	버	지	브
즈	주	포	지	티
마	무	미	하	보
오	히	우	이	부

🔵 TIP '고'의 경우, /그/+/오/=/고/로 천천히 발음하도록 지도하시면서 자음 간의 공통점을 찾을 수 있도록 도와주세요. 학생들이 어려워한다면 몇 문제는 예시로 들어 주셔도 좋습니다.

아래 글자를 보며 같은 모음을 찾아 모두 동그라미 쳐 봅시다. 찾은 다음 자음을 바꾸어 가며 글자의 변화를 관찰해요. 부록

고	으	소	루	히
루	호	푸	우	자
시	로	이	푸	타
하	바	주	로	어
느	고	푸	즈	프
후	도	르	리	수
다	쿠	치	보	파
피	타	히	루	조
초	포	시	타	후
토	흐	로	소	파
커	저	스	리	거
부	지	코	모	후
즈	초	사	그	트
마	후	자	하	지
오	보	코	히	므

TIP '고'의 경우, /그/+/오/=/고/로 천천히 발음하도록 지도하시면서 모음 간의 공통점을 찾을 수 있도록 도와주세요. 학생들이 어려워한다면 몇 문제는 예시로 들어 주셔도 좋습니다.

17차시 ▶ 자음 + 단순모음(ㅏㅓㅗㅜㅡㅣ) 단어

📖 **학습 목표** 자음 + 단순모음(ㅏㅓㅗㅜㅡㅣ)으로 이루어진 단어를 읽고 발음할 수 있다.

✏️ 아래 글자를 보며 "ㅏ" 소리를 내는 글자에 모두 동그라미 쳐 봅시다. 그리고 빈칸에 적어 보세요.

고	치	가	추	피		가
루	사	조	리	로		사
시	수	포	투	라		라
아	히	호	구	저		아
느	토	나	로	추		나
후	피	흐	티	바		바
다	기	무	도	노		다
토	서	타	키	오		타

💡 **TIP** 가로줄에 정답이 한 개씩 있습니다. 옆 빈칸에 나란히 적도록 지도해 주세요.

✏️ 아래 글자를 읽고 단어를 만들 수 있는 글자에 동그라미 치고 단어를 적어 봅시다. **부록**

가	사	아	바	타		가사
나	아	바	다	라		나라
바	다	나	라	아		바다
아	라	가	나	바		아가

💡 **TIP** 학생이 단어의 뜻을 알고 있는 수준이라면, 단어의 뜻도 함께 물어보며 지도합니다.

부록 활용 💡 **TIP** 선생님께서는 부록을 사용해서 자음과 모음을 만들어 앞글자에 뒷글자를 연결시켜 보면서 단어를 만들 수 있도록 도와주세요.

아래 단어를 읽고 자음 소리가 같은 단어를 찾아봅시다. 첫 단어를 만든 후 모음을 바꾸어 가며 단어의 변화를 관찰해 보세요. 부록

아기	우비	오기	조기	하루
부자	보리	자루	바지	버스
가구	고기	소비	구리	사기
조사	지구	소비	주소	도리
지구	조기	기부	자리	고기
나비	기부	노비	오기	머리
무기	타기	파리	우비	모기
머리	주기	허리	머루	노비
무리	마리	바지	자루	피리
기부	모자	머루	가보	하루

TIP 공통점이 있는 단어를 찾기 어려워한다면 음절단위로 끊어 읽도록 지도하거나 각 단어의 자음만 단어 위에 적어 보도록 지도합니다.

아래 단어를 읽고 모음 소리가 같은 단어를 찾아봅시다. 첫 단어를 만든 후 자음을 바꾸어 가며 단어의 변화를 관찰해 보세요. 부록

소리	피리	고기	조기	하루
가지	보리	자루	아기	하키
노루	모두	소비	무지	사기
파도	지구	바지	바보	도리
가구	자두	기부	주소	고기
주사	허무	부자	오기	머리
지구	타기	파리	우비	피구
나비	주기	허리	다리	노비
무기	부리	바지	자루	피리
보기	모자	머루	모기	하루

TIP 공통점이 있는 단어를 찾기 어려워한다면 음절단위로 끊어 읽도록 지도하거나 각 단어의 모음만 단어 위에 적어 보도록 지도합니다.

18차시 ▶ 자음 + 미끌모음(ㅑㅕㅛㅠ)

📖 **학습 목표** 자음 + 미끌모음(ㅑㅕㅛㅠ)로 이루어진 글자를 읽고 발음할 수 있다.

✏️ 자음과 모음 'ㅑ'으로 이루어진 글자를 따라 적으면서 크게 발음하여 봅시다. 먼저 써 본 후에 글자를 만들어 볼까요? 부록

ㄱ + ㅑ	/그/+/야/	/갸/	갸	갸	갸
ㄴ + ㅑ	/느/+/야/	/냐/	냐	냐	냐
ㄷ + ㅑ	/드/+/야/	/댜/	댜	댜	댜
ㄹ + ㅑ	/르/+/야/	/랴/	랴	랴	랴
ㅁ + ㅑ	/므/+/야/	/먀/	먀	먀	먀
ㅂ + ㅑ	/브/+/야/	/뱌/	뱌	뱌	뱌
ㅅ + ㅑ	/스/+/야/	/샤/	샤	샤	샤
ㅇ + ㅑ	/으/+/야/	/야/	야	야	야
ㅈ + ㅑ	/즈/+/야/	/쟈/	쟈	쟈	쟈
ㅊ + ㅑ	/츠/+/야/	/챠/	챠	챠	챠
ㅋ + ㅑ	/크/+/야/	/캬/	캬	캬	캬
ㅌ + ㅑ	/트/+/야/	/탸/	탸	탸	탸
ㅍ + ㅑ	/프/+/야/	/퍄/	퍄	퍄	퍄
ㅎ + ㅑ	/흐/+/야/	/햐/	햐	햐	햐

💬 **TIP** 선생님께서는 /그/+/야/=/갸/와 같이 발음 과정과 발음을 크게 읽으며 정확한 발음을 할 수 있도록 지도해 주세요.

부록 활용 💬 **TIP** 선생님께서는 부록을 사용해서 자음과 모음을 손으로 직접 조작하면서 글자를 익힐 수 있도록 도와주세요.

✏️ 자음과 모음 'ㅕ'으로 이루어진 글자를 따라 적으면서 크게 발음하여 봅시다. 먼저 써 본 후에 글자를 만들어 볼까요? 부록

ㄱ + ㅕ	/그/+/여/	/겨/	겨	겨	겨
ㄴ + ㅕ	/느/+/여/	/녀/	녀	녀	녀
ㄷ + ㅕ	/드/+/여/	/뎌/	뎌	뎌	뎌
ㄹ + ㅕ	/르/+/여/	/려/	려	려	려
ㅁ + ㅕ	/므/+/여/	/며/	며	며	며
ㅂ + ㅕ	/브/+/여/	/벼/	벼	벼	벼
ㅅ + ㅕ	/스/+/여/	/셔/	셔	셔	셔
ㅇ + ㅕ	/으/+/여/	/여/	여	여	여
ㅈ + ㅕ	/즈/+/여/	/져/	져	져	져
ㅊ + ㅕ	/츠/+/여/	/쳐/	쳐	쳐	쳐
ㅋ + ㅕ	/크/+/여/	/켜/	켜	켜	켜
ㅌ + ㅕ	/트/+/여/	/텨/	텨	텨	텨
ㅍ + ㅕ	/프/+/여/	/펴/	펴	펴	펴
ㅎ + ㅕ	/흐/+/여/	/혀/	혀	혀	혀

🔵 TIP 선생님께서는 /그/+/여/=/겨/ 같이 발음 과정과 발음을 크게 읽으며 정확한 발음을 할 수 있도록 지도해 주세요.

부록 활용 📕 TIP 선생님께서는 부록을 사용해서 자음과 모음을 손으로 직접 조작하면서 글자를 익힐 수 있도록 도와주세요.

✐ 자음과 모음 'ㅛ'으로 이루어진 글자를 따라 적으면서 크게 발음하여 봅시다. 먼저 써 본 후에 글자를 만들어 볼까요? (부록)

ㄱ + ㅛ	/그/+/요/	/교/	교	교	교
ㄴ + ㅛ	/느/+/요/	/뇨/	뇨	뇨	뇨
ㄷ + ㅛ	/드/+/요/	/됴/	됴	됴	됴
ㄹ + ㅛ	/르/+/요/	/료/	료	료	료
ㅁ + ㅛ	/므/+/요/	/묘/	묘	묘	묘
ㅂ + ㅛ	/브/+/요/	/뵤/	뵤	뵤	뵤
ㅅ + ㅛ	/스/+/요/	/쇼/	쇼	쇼	쇼
ㅇ + ㅛ	/으/+/요/	/요/	요	요	요
ㅈ + ㅛ	/즈/+/요/	/죠/	죠	죠	죠
ㅊ + ㅛ	/츠/+/요/	/쵸/	쵸	쵸	쵸
ㅋ + ㅛ	/크/+/요/	/쿄/	쿄	쿄	쿄
ㅌ + ㅛ	/트/+/요/	/툐/	툐	툐	툐
ㅍ + ㅛ	/프/+/요/	/표/	표	표	표
ㅎ + ㅛ	/흐/+/요/	/효/	효	효	효

TIP 선생님께서는 /그/+/요/=/교/와 같이 발음 과정과 발음을 크게 읽으며 정확한 발음을 할 수 있도록 지도해 주세요.

부록 활용 TIP 선생님께서는 부록을 사용해서 자음과 모음을 손으로 직접 조작하면서 글자를 익힐 수 있도록 도와주세요.

📝 자음과 모음 'ㅠ'으로 이루어진 글자를 따라 적으면서 크게 발음하여 봅시다. 먼저 써 본 후에 글자를 만들어 볼까요? 부록

ㄱ+ㅠ	/그/+/유/	/규/	규	규	규
ㄴ+ㅠ	/느/+/유/	/뉴/	뉴	뉴	뉴
ㄷ+ㅠ	/드/+/유/	/듀/	듀	듀	듀
ㄹ+ㅠ	/르/+/유/	/류/	류	류	류
ㅁ+ㅠ	/므/+/유/	/뮤/	뮤	뮤	뮤
ㅂ+ㅠ	/브/+/유/	/뷰/	뷰	뷰	뷰
ㅅ+ㅠ	/스/+/유/	/슈/	슈	슈	슈
ㅇ+ㅠ	/으/+/유/	/유/	유	유	유
ㅈ+ㅠ	/즈/+/유/	/쥬/	쥬	쥬	쥬
ㅊ+ㅠ	/츠/+/유/	/츄/	츄	츄	츄
ㅋ+ㅠ	/크/+/유/	/큐/	큐	큐	큐
ㅌ+ㅠ	/트/+/유/	/튜/	튜	튜	튜
ㅍ+ㅠ	/프/+/유/	/퓨/	퓨	퓨	퓨
ㅎ+ㅠ	/흐/+/유/	/휴/	휴	휴	휴

TIP 선생님께서는 /그/+/유/=/규/와 같이 발음 과정과 발음을 크게 읽으며 정확한 발음을 할 수 있도록 지도해 주세요.

부록 활용 TIP 선생님께서는 부록을 사용해서 자음과 모음을 손으로 직접 조작하면서 글자를 익힐 수 있도록 도와주세요.

아래 글자를 보며 같은 자음을 찾아 모두 동그라미 쳐 봅시다. 찾은 다음 모음을 바꾸어 가며 글자의 변화를 관찰해요. 부록

갸	뇨	겨	류	요
뇨	댜	냐	챠	려
댜	뮤	뱌	뎌	툐
려	혀	쿄	츄	랴
묘	뮤	샤	요	캬
뷰	벼	캬	료	뮤
쇼	쿄	유	퍄	셔
여	뮤	셔	유	켜
져	츄	쥬	쿄	며
츄	쳐	류	녀	갸
캬	퓨	뎌	큐	랴
튜	유	쇼	켜	툐
펴	표	슈	뎌	혀
햐	야	혀	며	쟈

TIP '햐'의 경우, /흐/+/야/=/햐/로 천천히 발음하도록 지도하시면서 자음 간의 공통점을 찾을 수 있도록 도와주세요. 학생들이 어려워한다면 몇 문제는 예시로 들어 주셔도 좋습니다.

아래 글자를 보며 같은 모음을 찾아 모두 동그라미 쳐 봅시다. 찾은 다음 자음을 바꾸어 가며 글자의 변화를 관찰해요. 부록

갸	냐	겨	류	요
뇨	댜	냐	챠	료
댜	뮤	뱌	뎌	툐
려	혀	쿄	츄	랴
묘	뮤	샤	요	캬
뷰	벼	캬	료	뮤
쇼	쿄	유	퍄	셔
여	뮤	샤	유	켜
져	츄	쥬	쿄	며
츄	쳐	류	녀	갸
캬	퓨	뎌	큐	랴
튜	유	쇼	켜	툐
펴	표	슈	뎌	혀
햐	야	혀	며	쟈

🔘 TIP '갸'의 경우, /그/+/야/=/갸/로 천천히 발음하도록 지도하시면서 모음 간의 공통점을 찾을 수 있도록 도와주세요. 학생들이 어려워한다면 몇 문제는 예시로 들어 주셔도 좋습니다.

19차시 ▶ 자음 + 미끌모음(ㅑㅕㅛㅠ) 단어

📖 **학습 목표** 자음 + 미끌모음(ㅑㅕㅛㅠ)으로 이루어진 단어를 읽고 발음할 수 있다.

📝 자음+'ㅑ'로 이루어진 글자를 찾아 아래의 빈칸에 적어 봅시다.

묘	햐	뷰	쇼	여

햐

📝 자음+'ㅕ'로 이루어진 글자를 찾아 아래의 빈칸에 적어 봅시다.

녀	댜	류	죠	캬

녀

📝 자음+'ㅛ'로 이루어진 글자를 찾아 아래의 빈칸에 적어 봅시다.

유	쵸	켜	퓨	햐

쵸

📝 자음+'ㅠ'로 이루어진 글자를 찾아 아래의 빈칸에 적어 봅시다.

겨	댜	슈	랴	벼

슈

💡 **TIP** 가로줄에 정답이 한 개씩 있습니다. 옆 빈칸에 나란히 적도록 지도해 주세요.

📝 아래의 맨 왼쪽 음절로 시작해서 글자를 읽고 단어를 만들 수 있는 글자에 동그라미 치고 단어를 적어 봅시다. 단어를 한 개 이상 만들어도 좋습니다. 부록

야	이	수	호	뉴	야수,야호
여	쥬	자	우	캬	여자,여우
효	녀	뮤	셔	자	효녀,효자
휴	시	지	표	쳐	휴지

💡 **TIP** 학생이 단어의 뜻을 알고 있는 수준이라면, 단어의 뜻도 함께 물어보며 지도합니다.

부록 활용 💡 **TIP** 선생님께서는 부록을 사용해서 자음과 모음 글자를 각각 만들어 앞글자에 뒷글자를 연결시켜 보면서 단어를 만들 수 있도록 도와주세요.

아래 단어를 읽고 뜻이 담긴 단어를 찾아봅시다. 의미가 없는 단어 말고 뜻이 담긴 단어에만 동그라미 치세요. 찾은 다음 단어를 만들어 보아요. 부록

야챠	야수	효녀	교야	유리
여기	며츄	묘비	겨자	펴규
하교	교휴	휴지	냐묘	교수
요리	갸푸	도쥬	묘지	머쵸
죠시	교주	큐됴	여챠	자유
초코	뷰효	표지	츄냐	유서
샤큐	우유	유뵤	효도	햐도
교류	셔츠	우표	츄주	유지
프혀	뇨모	야구	켜규	쥬스
뉴스	캬버	유먀	하류	두유

TIP 학생마다 어휘의 뜻을 아는 어휘 수준이 다를 수 있으므로 개인별로 아는 수준에서 개별지도해 주시면 좋습니다.

20차시 ▶ 쌍자음(ㄲㄸㅃㅆㅉ)+단순모음(ㅏㅓㅗㅜㅡㅣ)글자

📖 **학습 목표** 쌍자음(ㄲㄸㅃㅆㅉ) + 단순모음(ㅏㅓㅗㅜㅡㅣ)으로 이루어진 글자를 읽고 발음할 수 있다.

부록 활용 💡**TIP** 선생님께서는 부록을 사용해서 자음과 모음을 손으로 직접 조작하면서 글자를 익힐 수 있도록 도와주세요.

🔊 쌍자음과 모음 'ㅏ'로 이루어진 글자를 따라 적으면서 크게 발음하여 봅시다. 먼저 써 본 후에 글자를 만들어 보아요. **부록**

ㄲ + ㅏ	/끄/+/아/	/까/	까	까	까
ㄸ + ㅏ	/뜨/+/아/	/따/	따	따	따
ㅃ + ㅏ	/쁘/+/아/	/빠/	빠	빠	빠
ㅆ + ㅏ	/쓰/+/아/	/싸/	싸	싸	싸
ㅉ + ㅏ	/쯔/+/아/	/짜/	짜	짜	짜

💡**TIP** 선생님께서는 /끄/+/아/=/까/와 같이 발음 과정과 발음을 크게 읽으며 정확한 발음을 할 수 있도록 지도해 주세요.

🔊 쌍자음과 모음 'ㅓ'로 이루어진 글자를 따라 적으면서 크게 발음하여 봅시다. 먼저 써 본 후에 글자를 만들어 보아요. **부록**

ㄲ + ㅓ	/끄/+/어/	/꺼/	꺼	꺼	꺼
ㄸ + ㅓ	/뜨/+/어/	/떠/	떠	떠	떠
ㅃ + ㅓ	/쁘/+/어/	/뻐/	뻐	뻐	뻐
ㅆ + ㅓ	/쓰/+/어/	/써/	써	써	써
ㅉ + ㅓ	/쯔/+/어/	/쩌/	쩌	쩌	쩌

💡**TIP** 선생님께서는 /끄/+/어/=/꺼/와 같이 발음 과정과 발음을 크게 읽으며 정확한 발음을 할 수 있도록 지도해 주세요.

🖍 쌍자음과 모음 'ㅗ'로 이루어진 글자를 따라 적으면서 크게 발음하여 봅시다. 먼저 써 본 후에 글자를 만들어 보아요. 부록

ㄲ + ㅗ	/끄/+/오/	/꼬/	꼬	꼬	꼬
ㄸ + ㅗ	/뜨/+/오/	/또/	또	또	또
ㅃ + ㅗ	/쁘/+/오/	/뽀/	뽀	뽀	뽀
ㅆ + ㅗ	/쓰/+/오/	/쏘/	쏘	쏘	쏘
ㅉ + ㅗ	/쯔/+/오/	/쪼/	쪼	쪼	쪼

💡 TIP 선생님께서는 /끄/+/오/=/꼬/와 같이 발음 과정과 발음을 크게 읽으며 정확한 발음을 할 수 있도록 지도해 주세요.

🖍 쌍자음과 모음 'ㅜ'로 이루어진 글자를 따라 적으면서 크게 발음하여 봅시다. 먼저 써 본 후에 글자를 만들어 보아요. 부록

ㄲ + ㅜ	/끄/+/우/	/꾸/	꾸	꾸	꾸
ㄸ + ㅜ	/뜨/+/우/	/뚜/	뚜	뚜	뚜
ㅃ + ㅜ	/쁘/+/우/	/뿌/	뿌	뿌	뿌
ㅆ + ㅜ	/쓰/+/우/	/쑤/	쑤	쑤	쑤
ㅉ + ㅜ	/쯔/+/우/	/쭈/	쭈	쭈	쭈

💡 TIP 선생님께서는 /끄/+/우/=/꾸/와 같이 발음 과정과 발음을 크게 읽으며 정확한 발음을 할 수 있도록 지도해 주세요.

부록 활용 🖱 TIP 선생님께서는 부록을 사용해서 자음과 모음을 손으로 직접 조작하면서 글자를 익힐 수 있도록 도와주세요.

✍ 쌍자음과 모음 '─'로 이루어진 글자를 따라 적으면서 크게 발음하여 봅시다. 먼저 써 본 후에 글자를 만들어 보아요. 부록

ㄲ + ─	/끄/+/으/	/끄/	끄	끄	끄
ㄸ + ─	/뜨/+/으/	/뜨/	뜨	뜨	뜨
ㅃ + ─	/쁘/+/으/	/쁘/	쁘	쁘	쁘
ㅆ + ─	/쓰/+/으/	/쓰/	쓰	쓰	쓰
ㅉ + ─	/쯔/+/으/	/쯔/	쯔	쯔	쯔

🔊 TIP 선생님께서는 /끄/+/으/=/끄/와 같이 발음 과정과 발음을 크게 읽으며 정확한 발음을 할 수 있도록 지도해 주세요.

✍ 쌍자음과 모음 '─'로 이루어진 글자를 따라 적으면서 크게 발음하여 봅시다. 먼저 써 본 후에 글자를 만들어 보아요. 부록

ㄲ + ㅣ	/끄/+/이/	/끼/	끼	끼	끼
ㄸ + ㅣ	/뜨/+/이/	/띠/	띠	띠	띠
ㅃ + ㅣ	/쁘/+/이/	/삐/	삐	삐	삐
ㅆ + ㅣ	/쓰/+/이/	/씨/	씨	씨	씨
ㅉ + ㅣ	/쯔/+/이/	/찌/	찌	찌	찌

🔊 TIP 선생님께서는 /끄/+/이/=/끼/와 같이 발음 과정과 발음을 크게 읽으며 정확한 발음을 할 수 있도록 지도해 주세요.

아래 글자를 보며 같은 자음을 찾아 모두 동그라미 쳐 봅시다. 찾은 다음 모음을 바꾸어 가며 글자의 변화를 관찰해요. 부록

까	꼬	빠	또	뻐
떠	꾸	뚜	써	싸
뽀	뜨	쭈	쁘	쪼
쑤	찌	꼬	꾸	씨
쯔	싸	뜨	짜	띠
끼	삐	꺼	쩌	쁘
따	또	싸	뽀	써
뻐	꾸	뿌	쩌	짜
쏘	뜨	꾸	쓰	꼬
쭈	씨	또	뚜	찌
끄	짜	쁘	까	삐
띠	씨	떠	꺼	쓰
빠	뽀	짜	또	쩌

TIP '까'의 경우, /끄/+/아/=/까/로 천천히 발음하도록 지도하시면서 자음 간의 공통점을 찾을 수 있도록 도와주세요. 학생들이 어려워한다면 몇 문제는 예시로 들어 주셔도 좋습니다.

21차시 ▶ 쌍자음(ㄲㄸㅃㅆㅉ)+단순모음(ㅏㅓㅗㅜㅡㅣ)단어

📖 **학습 목표** 쌍자음(ㄲㄸㅃㅆㅉ) + 단순모음(ㅏㅓㅗㅜㅡㅣ)으로 이루어진 단어를 읽고 발음할 수 있다.

✍ 쌍자음과 모음 'ㅏ'로 이루어진 글자를 찾아 아래의 빈칸에 적어 봅시다.

씨	쯔	뚜	뽀	까
싸	찌	뜨	뿌	꼬

까
싸

✍ 쌍자음과 모음 'ㅓ'로 이루어진 글자를 찾아 아래의 빈칸에 적어 봅시다.

쁘	띠	써	꼬	짜
삐	떠	쏘	까	쯔

써
떠

✍ 쌍자음과 모음 'ㅗ'로 이루어진 글자를 찾아 아래의 빈칸에 적어 봅시다.

쓰	뿌	끼	짜	또
싸	뽀	끄	쭈	띠

또
뽀

✍ 쌍자음과 모음 'ㅜ'로 이루어진 글자를 찾아 아래의 빈칸에 적어 봅시다.

씨	따	쁘	쭈	꺼
써	띠	빠	쯔	꾸

쭈
꾸

⭐ TIP 가로줄에 정답이 한 개씩 있습니다. 옆 빈칸에 나란히 적도록 지도해 주세요.

📝 쌍자음과 모음 'ㅡ'로 이루어진 글자를 찾아 아래의 빈칸에 적어 봅시다.

떠	쁘	싸	찌	꼬
띠	뽀	써	쯔	까

쁘
쯔

📝 쌍자음과 모음 'ㅣ'로 이루어진 글자를 찾아 아래의 빈칸에 적어 봅시다.

끼	쪼	싸	뿌	뜨
꾸	쯔	씨	뽀	따

끼
씨

💡 TIP 가로줄에 정답이 한 개씩 있습니다. 옆 빈칸에 나란히 적도록 지도해주세요.

📝 아래 글자를 읽고 단어를 만들 수 있는 글자에 동그라미 치고 단어를 적어 봅시다. 단어를 한 개 이상 만들어도 좋습니다. 부록

부록 활용 📝 TIP 선생님께서는 부록을 사용해서 자음과 모음 글자를 각각 만들어 앞글자에 뒷글자를 연결시켜 보면서 단어를 만들 수 있도록 도와주세요.

오	꼬	떠	빠	찌
아	또	빠	쑤	까
이	뿌	끼	따	쏘

오빠
아까, 아빠
이끼, 이따

꾸	까	꼬	끼	치
짜	또	꺼	쓰	다
꼬	씨	뿌	쯔	리

까치, 꼬치
쓰다, 짜다
꼬리, 뿌리

💡 TIP 학생이 단어의 뜻을 알고 있는 수준이라면, 단어의 뜻도 함께 물어보며 지도합니다.

아래 단어를 읽고 뜻이 담겨 있는 단어를 찾아봅시다. 의미가 없는 단어 말고 뜻이 담겨 있는 단어에만 동그라미 치세요.

까다	뜨다	쓰마	꺼치	아까
따다	끼주	오빠	이꺼	뜨주
따사	따나	삐다	이끼	끄어
쓰아	따치	꼬로	이까	쭈치
마빠	쓰다	쓰나	끄주	쪼치
아빠	쯔나	이따	끼다	싸나
이빠	쏘로	이짜	쏘다	꼬치
치따	누쯔	뚜리	쪼마	띠아
찌다	뿌리	끼아	또마	짜다
꼬다	뜨어	삐리	꼬리	짜라
우빠	우따	꼬마	쑤어	싸다
꼬도	노쪼	또마	쁘리	쁘다
꼬노	까치	뿌어	끼치	끄다

TIP 학생들마다 어휘의 뜻을 아는 어휘 수준이 다를 수 있으므로 개인별로 아는 수준에서 개별지도해 주시면 좋습니다.

22차시 ▶ 자음 + 이중모음(ㅐㅔㅒㅖ) 글자

📖**학습 목표** 자음 + 이중모음(ㅐㅔㅒㅖ)으로 이루어진 글자를 읽고 발음할 수 있다.

✏️ 자음과 모음 'ㅐ'로 이루어진 글자를 따라 적으면서 크게 발음하여 봅시다. 먼저 써 본 후에 글자를 만들어 볼까요? 부록

ㄱ + ㅐ	/그/+/애/	/개/	개	개	개
ㄴ + ㅐ	/느/+/애/	/내/	내	내	내
ㄷ + ㅐ	/드/+/애/	/대/	대	대	대
ㄹ + ㅐ	/르/+/애/	/래/	래	래	래
ㅁ + ㅐ	/므/+/애/	/매/	매	매	매
ㅂ + ㅐ	/브/+/애/	/배/	배	배	배
ㅅ + ㅐ	/스/+/애/	/새/	새	새	새
ㅇ + ㅐ	/으/+/애/	/애/	애	애	애
ㅈ + ㅐ	/즈/+/애/	/재/	재	재	재
ㅊ + ㅐ	/츠/+/애/	/채/	채	채	채
ㅋ + ㅐ	/크/+/애/	/캐/	캐	캐	캐
ㅌ + ㅐ	/트/+/애/	/태/	태	태	태
ㅍ + ㅐ	/프/+/애/	/패/	패	패	패
ㅎ + ㅐ	/흐/+/애/	/해/	해	해	해

💬 **TIP** 선생님께서는 /그/+/애/=/개/와 같이 발음 과정과 발음을 크게 읽으며 정확한 발음을 할 수 있도록 지도해 주세요.

💬 **부록 활용** 💬 **TIP** 선생님께서는 부록을 사용해서 자음과 모음을 손으로 직접 조작하면서 글자를 익힐 수 있도록 도와주세요.

자음과 모음 'ㅔ'으로 이루어진 글자를 따라 적으면서 크게 발음하여 봅시다. 먼저 써 본 후에 글자를 만들어 볼까요? 부록

ㄱ + ㅔ	/그/ + /에/	/게/	게	게	게
ㄴ + ㅔ	/느/ + /에/	/네/	네	네	네
ㄷ + ㅔ	/드/ + /에/	/데/	데	데	데
ㄹ + ㅔ	/르/ + /에/	/레/	레	레	레
ㅁ + ㅔ	/므/ + /에/	/메/	메	메	메
ㅂ + ㅔ	/브/ + /에/	/베/	베	베	베
ㅅ + ㅔ	/스/ + /에/	/세/	세	세	세
ㅇ + ㅔ	/으/ + /에/	/에/	에	에	에
ㅈ + ㅔ	/즈/ + /에/	/제/	제	제	제
ㅊ + ㅔ	/츠/ + /에/	/체/	체	체	체
ㅋ + ㅔ	/크/ + /에/	/케/	케	케	케
ㅌ + ㅔ	/트/ + /에/	/테/	테	테	테
ㅍ + ㅔ	/프/ + /에/	/페/	페	페	페
ㅎ + ㅔ	/흐/ + /에/	/헤/	헤	헤	헤

TIP 선생님께서는 /그/ + /에/ = /게/와 같이 발음 과정과 발음을 크게 읽으며 정확한 발음을 할 수 있도록 지도해 주세요.

부록 활용 TIP 선생님께서는 부록을 사용해서 자음과 모음을 손으로 직접 조작하면서 글자를 익힐 수 있도록 도와주세요.

✎ 자음과 모음 'ㅐ'으로 이루어진 글자를 따라 적으면서 크게 발음하여 봅시다. 먼저 써 본 후에 글자를 만들어 볼까요? (부록)

ㄱ + ㅐ	/그/+/애/	/개/	개	개	개
ㄴ + ㅐ	/느/+/애/	/내/	내	내	내
ㄷ + ㅐ	/드/+/애/	/대/	대	대	대
ㄹ + ㅐ	/르/+/애/	/래/	래	래	래
ㅁ + ㅐ	/므/+/애/	/매/	매	매	매
ㅂ + ㅐ	/브/+/애/	/배/	배	배	배
ㅅ + ㅐ	/스/+/애/	/새/	새	새	새
ㅇ + ㅐ	/으/+/애/	/애/	애	애	애
ㅈ + ㅐ	/즈/+/애/	/재/	재	재	재
ㅊ + ㅐ	/츠/+/애/	/채/	채	채	채
ㅋ + ㅐ	/크/+/애/	/캐/	캐	캐	캐
ㅌ + ㅐ	/트/+/애/	/태/	태	태	태
ㅍ + ㅐ	/프/+/애/	/패/	패	패	패
ㅎ + ㅐ	/흐/+/애/	/해/	해	해	해

🔵 TIP 선생님께서는 /그/+/애/=/개/와 같이 발음 과정과 발음을 크게 읽으며 정확한 발음을 할 수 있도록 지도해 주세요.

🔵 부록 활용 ✎ TIP 선생님께서는 부록을 사용해서 자음과 모음을 손으로 직접 조작하면서 글자를 익힐 수 있도록 도와주세요.

자음과 모음 'ㅖ'으로 이루어진 글자를 따라 적으면서 크게 발음하여 봅시다. 먼저 써 본 후에 글자를 만들어 볼까요? 부록

ㄱ + ㅖ	/그/+/예/	/계/	계	계	계
ㄴ + ㅖ	/느/+/예/	/녜/	녜	녜	녜
ㄷ + ㅖ	/드/+/예/	/뎨/	뎨	뎨	뎨
ㄹ + ㅖ	/르/+/예/	/례/	례	례	례
ㅁ + ㅖ	/므/+/예/	/몌/	몌	몌	몌
ㅂ + ㅖ	/브/+/예/	/볘/	볘	볘	볘
ㅅ + ㅖ	/스/+/예/	/셰/	셰	셰	셰
ㅇ + ㅖ	/으/+/예/	/예/	예	예	예
ㅈ + ㅖ	/즈/+/예/	/졔/	졔	졔	졔
ㅊ + ㅖ	/츠/+/예/	/쳬/	쳬	쳬	쳬
ㅋ + ㅖ	/크/+/예/	/켸/	켸	켸	켸
ㅌ + ㅖ	/트/+/예/	/톄/	톄	톄	톄
ㅍ + ㅖ	/프/+/예/	/폐/	폐	폐	폐
ㅎ + ㅖ	/흐/+/예/	/혜/	혜	혜	혜

TIP 선생님께서는 /그/+/예/=/계/와 같이 발음 과정과 발음을 크게 읽으며 정확한 발음을 할 수 있도록 지도해 주세요.

부록 활용 TIP 선생님께서는 부록을 사용해서 자음과 모음을 손으로 직접 조작하면서 글자를 익힐 수 있도록 도와주세요.

✎ 아래 글자를 보며 같은 자음을 찾아 모두 동그라미 쳐 봅시다. 찾은 다음 모음을 바꾸어 가며 글자의 변화를 관찰해요. 부록

개	얘	거	노	수
얘	다	어	네	셰
새	아	대	서	얘
해	후	더	하	레
내	다	래	누	아
패	배	파	티	투
예	다	해	우	러
제	차	저	어	주
배	매	아	부	너
대	저	타	도	그
쎄	하	페	써	구
케	으	코	캐	얘
채	저	캐	치	저
매	무	매	해	보
개	기	어	얘	커

🔵 TIP '개'의 경우, /그/+/애/=/개/로 천천히 발음하도록 지도하시면서 자음 간의 공통점을 찾을 수 있도록 도와주세요. 학생들이 어려워한다면 몇 문제는 예시로 들어 주셔도 좋습니다.

아래 글자를 보며 같은 모음을 찾아 모두 동그라미 쳐 봅시다. 찾은 다음 자음을 바꾸어 가며 글자의 변화를 관찰해요. 부록

애	너	아	새	우
개	거	나	래	도
째	대	오	쪼	캐
예	초	계	오	두
내	나	대	서	두
래	더	루	재	사
해	더	후	째	비
패	터	히	래	투
채	저	커	투	패
애	어	하	래	나
대	터	패	다	너
개	파	키	애	호
쌔	아	서	내	우
캐	바	어	해	대
패	애	빠	너	두

TIP '개'의 경우, /그/+/애/=/개/로 천천히 발음하도록 지도하시면서 모음 간의 공통점을 찾을 수 있도록 도와주세요. 학생들이 어려워한다면 몇 문제는 예시로 들어 주셔도 좋습니다.

23차시 ▶ 자음 + 이중모음(ㅐㅔㅒㅖ) 단어

📖 **학습 목표** 자음 + 이중모음(ㅐㅔㅒㅖ)으로 이루어진 단어를 읽고 발음할 수 있다.

✏️ 자음+'ㅐ'로 이루어진 글자를 찾아 아래의 빈칸에 적어 봅시다.

아	나	더	개	부		개
쭈	애	카	바	기		애
로	으	다	패	더		패
내	기	버	도	하		내
두	누	로	기	태		태
쌔	포	더	아	자		쌔
하	개	서	코	구		개
자	호	래	애	니		래

🔵 **TIP** 가로줄에 정답이 한 개씩 있습니다. 옆 빈칸에 나란히 적도록 지도해주세요.

✏️ 아래 글자를 읽고 단어를 만들 수 있는 글자에 동그라미 치고 단어를 적어 봅시다. **부록**

애	서	기	주	보		애기
배	저	러	사	우		배우
재	여	라	주	서		재주
태	도	느	리	바		태도

🔵 **TIP** 학생이 단어의 뜻을 알고 있는 수준이라면, 단어의 뜻도 함께 물어보며 지도합니다.

🔵 **부록 활용** 🔵 **TIP** 선생님께서는 부록을 사용해서 자음과 모음 글자를 각각 만들어 앞글자에 뒷글자를 연결시켜 보면서 단어를 만들 수 있도록 도와주세요.

아래 단어를 읽고 자음 소리가 같은 단어를 찾아봅시다. 첫 단어를 만든 후 모음을 바꾸어 가며 단어의 변화를 관찰해 보세요. 부록

제보	매미	제비	주사	보기
기예	자리	기소	고아	서예
내부	너비	서사	나사	주부
애기	서기	저수	계기	오기
이제	오이	기저	어제	구제
제비	주보	이수	수시	대리
패기	비수	포기	이수	포부
매미	무모	머리	머루	기미
제사	주사	수지	개미	추가
대우	도수	대구	새우	두유
세수	시소	시구	이수	조수
채소	다시	제소	추수	초기
개미	가마	고사	매미	자매
계기	거사	가구	개사	수기
서예	서시	수지	어제	소유
대리	도루	서리	오리	대지

TIP 공통점이 있는 단어를 찾기 어려워한다면 음절단위로 끊어 읽도록 지도하거나 각 단어의 자음만 단어 위에 적어 보도록 지도합니다.

아래 단어를 읽고 모음 소리가 같은 단어를 찾아봅시다. 첫 단어를 만든 후 자음을 바꾸어 가며 단어의 변화를 관찰해 보세요. 부록

채소	매미	태도	주사	보기
메주	자리	기소	고아	세수
대리	오이	기저	어제	재미
애기	주보	아기	수시	개미
매미	무모	대리	머루	기미
제사	주사	세다	개미	추가
대구	도수	기후	새우	다이
제보	매미	주사	이수	네모
기예	시소	제소	지혜	초기
자매	가마	고사	매미	가래
계기	거사	예시	개사	수기
새우	대우	수지	어제	소유
대리	도루	서리	오리	대지

TIP 공통점이 있는 단어를 찾기 어려워한다면 음절단위로 끊어 읽도록 지도하거나 각 단어의 모음만 단어 위에 적어 보도록 지도합니다.

24차시 ▶ 자음 + 이중모음(ㅘ ㅚ ㅙ ㅝ ㅟ ㅞ ㅢ) 글자

📖 **학습 목표** 자음 + 이중모음(ㅘ ㅚ ㅙ ㅝ ㅟ ㅞ ㅢ)으로 이루어진 글자를 읽고 발음할 수 있다.

✍ 자음과 모음 'ㅘ'로 이루어진 글자를 따라 적으면서 크게 발음하여 봅시다. 먼저 써 본 후에
글자를 만들어 볼까요? (부록)

ㄱ+ㅘ	/그/+/와/	/과/	과	과	과
ㄴ+ㅘ	/느/+/와/	/놔/	놔	놔	놔
ㄷ+ㅘ	/드/+/와/	/돠/	돠	돠	돠
ㄹ+ㅘ	/르/+/와/	/롸/	롸	롸	롸
ㅁ+ㅘ	/므/+/와/	/뫄/	뫄	뫄	뫄
ㅂ+ㅘ	/브/+/와/	/봐/	봐	봐	봐
ㅅ+ㅘ	/스/+/와/	/솨/	솨	솨	솨
ㅇ+ㅘ	/으/+/와/	/와/	와	와	와
ㅈ+ㅘ	/즈/+/와/	/좌/	좌	좌	좌
ㅊ+ㅘ	/츠/+/와/	/촤/	촤	촤	촤
ㅋ+ㅘ	/크/+/와/	/콰/	콰	콰	콰
ㅌ+ㅘ	/트/+/와/	/톼/	톼	톼	톼
ㅍ+ㅘ	/프/+/와/	/퐈/	퐈	퐈	퐈
ㅎ+ㅘ	/흐/+/와/	/화/	화	화	화

💡 **TIP** 선생님께서는 /그/+/와/=/과/와 같이 발음 과정과 발음을 크게 읽으며 정확한 발음을 할 수 있도록 지도해 주세요.

부록 활용 📖 **TIP** 선생님께서는 부록을 사용해서 자음과 모음을 손으로 직접 조작하면서 글자를 익힐 수 있도록 도와주세요.

자음과 모음 'ㅚ'으로 이루어진 글자를 따라 적으면서 크게 발음하여 봅시다. 먼저 써 본 후에 글자를 만들어 볼까요? 부록

ㄱ + ㅚ	/그/+/외/	/괴/	괴	괴	괴
ㄴ + ㅚ	/느/+/외/	/뇌/	뇌	뇌	뇌
ㄷ + ㅚ	/드/+/외/	/되/	되	되	되
ㄹ + ㅚ	/르/+/외/	/뢰/	뢰	뢰	뢰
ㅁ + ㅚ	/므/+/외/	/뫼/	뫼	뫼	뫼
ㅂ + ㅚ	/브/+/외/	/뵈/	뵈	뵈	뵈
ㅅ + ㅚ	/스/+/외/	/쇠/	쇠	쇠	쇠
ㅇ + ㅚ	/으/+/외/	/외/	외	외	외
ㅈ + ㅚ	/즈/+/외/	/죄/	죄	죄	죄
ㅊ + ㅚ	/츠/+/외/	/최/	최	최	최
ㅋ + ㅚ	/크/+/외/	/쾨/	쾨	쾨	쾨
ㅌ + ㅚ	/트/+/외/	/퇴/	퇴	퇴	퇴
ㅍ + ㅚ	/프/+/외/	/푀/	푀	푀	푀
ㅎ + ㅚ	/흐/+/외/	/회/	회	회	회

TIP 선생님께서는 /그/+/외/=/괴/와 같이 발음 과정과 발음을 크게 읽으며 정확한 발음을 할 수 있도록 지도해 주세요.

부록 활용 TIP 선생님께서는 부록을 사용해서 자음과 모음을 손으로 직접 조작하면서 글자를 익힐 수 있도록 도와주세요.

✏️ 자음과 모음 '내'으로 이루어진 글자를 따라 적으면서 크게 발음하여 봅시다. 먼저 써 본 후에 글자를 만들어 볼까요? (부록)

ㄱ+ㅙ	/그/+/왜/	/괘/	괘	괘	괘
ㄴ+ㅙ	/느/+/왜/	/놰/	놰	놰	놰
ㄷ+ㅙ	/드/+/왜/	/돼/	돼	돼	돼
ㄹ+ㅙ	/르/+/왜/	/뢔/	뢔	뢔	뢔
ㅁ+ㅙ	/므/+/왜/	/뫠/	뫠	뫠	뫠
ㅂ+ㅙ	/브/+/왜/	/봬/	봬	봬	봬
ㅅ+ㅙ	/스/+/왜/	/쇄/	쇄	쇄	쇄
ㅇ+ㅙ	/으/+/왜/	/왜/	왜	왜	왜
ㅈ+ㅙ	/즈/+/왜/	/좨/	좨	좨	좨
ㅊ+ㅙ	/츠/+/왜/	/쵀/	쵀	쵀	쵀
ㅋ+ㅙ	/크/+/왜/	/쾌/	쾌	쾌	쾌
ㅌ+ㅙ	/트/+/왜/	/퇘/	퇘	퇘	퇘
ㅍ+ㅙ	/프/+/왜/	/퐤/	퐤	퐤	퐤
ㅎ+ㅙ	/흐/+/왜/	/홰/	홰	홰	홰

(TIP) 선생님께서는 /그/+/왜/=/괘/와 같이 발음 과정과 발음을 크게 읽으며 정확한 발음을 할 수 있도록 지도해 주세요.

(부록 활용) (TIP) 선생님께서는 부록을 사용해서 자음과 모음을 손으로 직접 조작하면서 글자를 익힐 수 있도록 도와주세요.

📖 자음과 모음 'ᅯ'으로 이루어진 글자를 따라 적으면서 크게 발음하여 봅시다. 먼저 써 본 후에 글자를 만들어 볼까요? 부록

ㄱ+ᅯ	/그/+/워/	/궈/	궈	궈	궈
ㄴ+ᅯ	/느/+/워/	/눠/	눠	눠	눠
ㄷ+ᅯ	/드/+/워/	/둬/	둬	둬	둬
ㄹ+ᅯ	/르/+/워/	/뤄/	뤄	뤄	뤄
ㅁ+ᅯ	/므/+/워/	/뭐/	뭐	뭐	뭐
ㅂ+ᅯ	/브/+/워/	/붜/	붜	붜	붜
ㅅ+ᅯ	/스/+/워/	/쉬/	쉬	쉬	쉬
ㅇ+ᅯ	/으/+/워/	/워/	워	워	워
ㅈ+ᅯ	/즈/+/워/	/줘/	줘	줘	줘
ㅊ+ᅯ	/츠/+/워/	/춰/	춰	춰	춰
ㅋ+ᅯ	/크/+/워/	/쿼/	쿼	쿼	쿼
ㅌ+ᅯ	/트/+/워/	/퉈/	퉈	퉈	퉈
ㅍ+ᅯ	/프/+/워/	/풔/	풔	풔	풔
ㅎ+ᅯ	/흐/+/워/	/훠/	훠	훠	훠

TIP 선생님께서는 /그/+/워/=/궈/와 같이 발음 과정과 발음을 크게 읽으며 정확한 발음을 할 수 있도록 지도해 주세요.

부록 활용 TIP 선생님께서는 부록을 사용해서 자음과 모음을 손으로 직접 조작하면서 글자를 익힐 수 있도록 도와주세요.

✎ 자음과 모음 'ㅟ'으로 이루어진 글자를 따라 적으면서 크게 발음하여 봅시다. 먼저 써 본 후에 글자를 만들어 볼까요? 부록

ㄱ+ㅟ	/그/+/위/	/귀/	귀	귀	귀
ㄴ+ㅟ	/느/+/위/	/뉘/	뉘	뉘	뉘
ㄷ+ㅟ	/드/+/위/	/뒤/	뒤	뒤	뒤
ㄹ+ㅟ	/르/+/위/	/뤼/	뤼	뤼	뤼
ㅁ+ㅟ	/므/+/위/	/뮈/	뮈	뮈	뮈
ㅂ+ㅟ	/브/+/위/	/뷔/	뷔	뷔	뷔
ㅅ+ㅟ	/스/+/위/	/쉬/	쉬	쉬	쉬
ㅇ+ㅟ	/으/+/위/	/위/	위	위	위
ㅈ+ㅟ	/즈/+/위/	/쥐/	쥐	쥐	쥐
ㅊ+ㅟ	/츠/+/위/	/취/	취	취	취
ㅋ+ㅟ	/크/+/위/	/퀴/	퀴	퀴	퀴
ㅌ+ㅟ	/트/+/위/	/튀/	튀	튀	튀
ㅍ+ㅟ	/프/+/위/	/퓌/	퓌	퓌	퓌
ㅎ+ㅟ	/흐/+/위/	/휘/	휘	휘	휘

TIP 선생님께서는 /그/+/위/=/귀/와 같이 발음 과정과 발음을 크게 읽으며 정확한 발음을 할 수 있도록 지도해 주세요.

부록 활용 TIP 선생님께서는 부록을 사용해서 자음과 모음을 손으로 직접 조작하면서 글자를 익힐 수 있도록 도와주세요.

자음과 모음 '눼'으로 이루어진 글자를 따라 적으면서 크게 발음하여 봅시다. 먼저 써 본 후에 글자를 만들어 볼까요? 부록

ㄱ + ㅞ	/그/+/웨/	/궤/	궤	궤	궤
ㄴ + ㅞ	/느/+/웨/	/눼/	눼	눼	눼
ㄷ + ㅞ	/드/+/웨/	/뒈/	뒈	뒈	뒈
ㄹ + ㅞ	/르/+/웨/	/뤠/	뤠	뤠	뤠
ㅁ + ㅞ	/므/+/웨/	/뭬/	뭬	뭬	뭬
ㅂ + ㅞ	/브/+/웨/	/붸/	붸	붸	붸
ㅅ + ㅞ	/스/+/웨/	/쉐/	쉐	쉐	쉐
ㅇ + ㅞ	/으/+/웨/	/웨/	웨	웨	웨
ㅈ + ㅞ	/즈/+/웨/	/줴/	줴	줴	줴
ㅊ + ㅞ	/츠/+/웨/	/췌/	췌	췌	췌
ㅋ + ㅞ	/크/+/웨/	/퀘/	퀘	퀘	퀘
ㅌ + ㅞ	/트/+/웨/	/퉤/	퉤	퉤	퉤
ㅍ + ㅞ	/프/+/웨/	/풰/	풰	풰	풰
ㅎ + ㅞ	/흐/+/웨/	/훼/	훼	훼	훼

TIP 선생님께서는 /그/+/웨/=/궤/와 같이 발음 과정과 발음을 크게 읽으며 정확한 발음을 할 수 있도록 지도해 주세요.

부록 활용 TIP 선생님께서는 부록을 사용해서 자음과 모음을 손으로 직접 조작하면서 글자를 익힐 수 있도록 도와주세요.

✏️ 자음과 모음 'ㅢ'으로 이루어진 글자를 따라 적으면서 크게 발음하여 봅시다. 먼저 써 본 후에 글자를 만들어 볼까요? 부록

ㄱ+ㅢ	/그/+/의/	/긔/	긔	긔	긔
ㄴ+ㅢ	/느/+/의/	/늬/	늬	늬	늬
ㄷ+ㅢ	/드/+/의/	/듸/	듸	듸	듸
ㄹ+ㅢ	/르/+/의/	/릐/	릐	릐	릐
ㅁ+ㅢ	/므/+/의/	/믜/	믜	믜	믜
ㅂ+ㅢ	/브/+/의/	/븨/	븨	븨	븨
ㅅ+ㅢ	/스/+/의/	/싀/	싀	싀	싀
ㅇ+ㅢ	/으/+/의/	/의/	의	의	의
ㅈ+ㅢ	/즈/+/의/	/즤/	즤	즤	즤
ㅊ+ㅢ	/츠/+/의/	/츼/	츼	츼	츼
ㅋ+ㅢ	/크/+/의/	/킈/	킈	킈	킈
ㅌ+ㅢ	/트/+/의/	/틔/	틔	틔	틔
ㅍ+ㅢ	/프/+/의/	/픠/	픠	픠	픠
ㅎ+ㅢ	/흐/+/의/	/희/	희	희	희

💡 TIP 선생님께서는 /그/+/의/=/긔/와 같이 발음 과정과 발음을 크게 읽으며 정확한 발음을 할 수 있도록 지도해 주세요.

부록 활용 📘 TIP 선생님께서는 부록을 사용해서 자음과 모음을 손으로 직접 조작하면서 글자를 익힐 수 있도록 도와주세요.

아래 글자를 읽고 같은 자음을 찾아 모두 동그라미 쳐 봅시다. 찾은 다음 모음을 바꾸어 가며 글자의 변화를 관찰해요. **부록**

과	개	쇠	나	바
뢰	뤼	채	괴	튜
쇄	유	돼	배	새
훠	애	로	뉘	화
늬	리	나	야	교
훼	웨	재	돼	휴
디	교	대	키	예
퐈	쇠	촤	쿼	표
최	둬	취	해	회
퇘	세	타	쵀	돼
쿼	누	쿄	터	해
뷔	뱌	구	듀	미
줴	새	버	죄	둬
믜	부	트	뭬	희
와	라	콰	다	워

아래 글자를 읽고 같은 모음을 찾아 모두 동그라미 쳐 봅시다. 찾은 다음 자음을 바꾸어 가며 글자의 변화를 관찰해요. 부록

와	왜	놔	뤼	뫼
꾀	개	되	뵈	퀴
좨	마	왜	뤄	새
워	눠	보	웨	괴
뉘	뷔	파	뤼	휴
뤠	뉘	라	과	쉐
희	흐	야	리	믜
파	캐	솨	퍄	무
최	되	롸	듀	묘
왜	튜	돼	미	괘
둬	궈	퍼	토	쉬
귀	이	휴	즈	뒤
궤	타	패	훼	쉬
씌	대	띄	대	푸
콰	화	뤼	의	치

25차시 ▶ 자음 + 이중모음(ㅘ ㅚ ㅙ ㅝ ㅟ ㅞ ㅢ) 단어

📖 **학습 목표** 자음 + 이중모음(ㅘ ㅚ ㅙ ㅝ ㅟ ㅞ ㅢ)으로 이루어진 단어를 읽고 발음할 수 있다.

✏️ 자음+'ㅘ'로 이루어진 글자를 찾아 아래의 빈칸에 적어 봅시다. 쓰면서 큰 소리로 읽어 보아요.

괴	쵀	과	쥐	피
뢰	솨	줘	귀	믜

과
솨

✏️ 자음+'ㅚ'로 이루어진 글자를 찾아 아래의 빈칸에 적어 봅시다.

쉐	뫠	푀	틔	롸
와	회	즤	궤	뢔

푀
회

✏️ 자음+'ㅙ'로 이루어진 글자를 찾아 아래의 빈칸에 적어 봅시다.

놰	퇴	놔	뤼	춰
회	꽤	휘	퉤	봐

놰
꽤

✏️ 자음+'ㅝ'로 이루어진 글자를 찾아 아래의 빈칸에 적어 봅시다.

돠	괘	뭐	뒈	늬
퇘	쇠	좌	쿼	의

뭐
쿼

💡 TIP 가로줄에 정답이 한 개씩 있습니다. 옆 빈칸에 나란히 적도록 지도해 주세요.

☞ 자음+'ㅟ'로 이루어진 글자를 찾아 아래의 빈칸에 적어 봅시다.

돠	괘	뮈	뒈	늬
퇘	쇠	좌	퀘	위

뮈
위

☞ 자음+'ㅞ'로 이루어진 글자를 찾아 아래의 빈칸에 적어 봅시다.

쥐	퇘	쉬	뷔	릐
븨	회	귀	봬	줴

뷔
줴

☞ 자음+'ㅢ'로 이루어진 글자를 찾아 아래의 빈칸에 적어 봅시다.

희	궤	뇌	쇄	릐
풰	최	틔	뫠	좌

희
틔

TIP 가로줄에 정답이 한 개씩 있습니다. 옆 빈칸에 나란히 적도록 지도해주세요.

☞ 아래 글자를 읽고 단어를 만들 수 있는 글자에 동그라미 치고 단어를 적어 봅시다. 부록

의	마	위	뒈	지
죄	최	루	바	고
돼	두	와	쉐	지
치	퉤	죄	워	수
귀	놔	쉐	의	사
쉬	릐	와	화	가

의지
최고
돼지
죄수
의사
화가

TIP 학생이 단어의 뜻을 알고 있는 수준이라면, 단어의 뜻도 함께 물어보며 지도합니다.

부록 활용 ☞ TIP 선생님께서는 부록을 사용해서 자음과 모음 글자를 각각 만들어 앞글자에 뒷글자를 연결시켜 보면서 단어를 만들 수 있도록 도와주세요.

📖 아래 단어를 읽고 뜻이 담긴 단어를 찾아봅시다. 의미가 없는 단어 말고 뜻이 담긴 단어에만 동그라미 치세요.

좌우	뒤고	왜가리	뒤추	의고
돠우	루와	웨거	의사	주되
화가	쥐포	다춰	뢰비	도추
와웨	의쉬	뫠우	회비	토뒤
뷔우	위기	돼마	거뤼	쥐모
키웨	희위	과제	뵈위	누귀
회의	뇌외	의쇄	춰외	뷔페
토위	콰우	고미	희귀	회우
차고	최고	퇘와	쇠오	뤠고
의지	마와	아좨	죄수	조귀
니쉐	나뵈	키위	아쉐	모귀
마외	쉬이	루눼	키회	의미

💡 TIP 학생들마다 어휘의 뜻을 아는 어휘 수준이 다를 수 있으므로 개인별로 아는 수준에서 개별지도해 주시면 좋습니다.

26차시 ▶ 쌍자음 + 이중모음(ㅐ ㅔ ㅘ ㅝ ㅟ ㅢ ㅚ ㅙ ㅞ) 글자

📖 **학습 목표** 쌍자음 + 이중모음(ㅐ ㅔ ㅘ ㅝ ㅟ ㅢ ㅚ ㅙ ㅞ)으로 이루어진 글자를 읽고 발음할 수 있다.

부록 활용 🔊 **TIP** 선생님께서는 부록을 사용해서 자음과 모음을 손으로 직접 조작하면서 글자를 익힐 수 있도록 도와주세요.

🖋 쌍자음과 모음 'ㅐ'로 이루어진 글자를 따라 적으면서 크게 발음하여 봅시다. 먼저 써 본 후에 글자를 만들어 볼까요? **부록**

ㄲ + ㅐ	/끄/+/애/	/깨/	깨	깨	깨
ㄸ + ㅐ	/뜨/+/애/	/때/	때	때	때
ㅆ + ㅐ	/쓰/+/애/	/쌔/	쌔	쌔	쌔
ㅉ + ㅐ	/쯔/+/애/	/째/	째	째	째
ㅃ + ㅐ	/쁘/+/애/	/빼/	빼	빼	빼

💡 **TIP** 선생님께서는 /끄/+/애/=/깨/와 같이 발음 과정과 발음을 크게 읽으며 정확한 발음을 할 수 있도록 지도해 주세요.

🖋 쌍자음과 모음 'ㅔ'로 이루어진 글자를 따라 적으면서 크게 발음하여 봅시다. 먼저 써 본 후에 글자를 만들어 볼까요? **부록**

ㄲ + ㅔ	/끄/+/에/	/께/	께	께	께
ㄸ + ㅔ	/뜨/+/에/	/떼/	떼	떼	떼
ㅆ + ㅔ	/쓰/+/에/	/쎄/	쎄	쎄	쎄
ㅉ + ㅔ	/쯔/+/에/	/쩨/	쩨	쩨	쩨
ㅃ + ㅔ	/쁘/+/에/	/뻬/	뻬	뻬	뻬

💡 **TIP** 선생님께서는 /끄/+/에/=/께/와 같이 발음 과정과 발음을 크게 읽으며 정확한 발음을 할 수 있도록 지도해 주세요.

🖋 쌍자음과 모음 'ㅘ'로 이루어진 글자를 따라 적으면서 크게 발음하여 봅시다. 먼저 써 본 후에 글자를 만들어 볼까요? 부록

ㄲ + ㅘ	/끄/ + /와/	/꽈/	꽈	꽈	꽈
ㄸ + ㅘ	/뜨/ + /와/	/똬/	똬	똬	똬
ㅆ + ㅘ	/쓰/ + /와/	/쏴/	쏴	쏴	쏴
ㅉ + ㅘ	/쯔/ + /와/	/쫘/	쫘	쫘	쫘
ㅃ + ㅘ	/쁘/ + /와/	/빠/	빠	빠	빠

TIP 선생님께서는 /끄/+/와/=/꽈/와 같이 발음 과정과 발음을 크게 읽으며 정확한 발음을 할 수 있도록 지도해 주세요.

🖋 쌍자음과 모음 'ㅝ'로 이루어진 글자를 따라 적으면서 크게 발음하여 봅시다. 먼저 써 본 후에 글자를 만들어 볼까요? 부록

ㄲ + ㅝ	/끄/ + /워/	/꿔/	꿔	꿔	꿔
ㄸ + ㅝ	/뜨/ + /워/	/뚸/	뚸	뚸	뚸
ㅆ + ㅝ	/쓰/ + /워/	/쒀/	쒀	쒀	쒀
ㅉ + ㅝ	/쯔/ + /워/	/쭤/	쭤	쭤	쭤
ㅃ + ㅝ	/쁘/ + /워/	/뿨/	뿨	뿨	뿨

TIP 선생님께서는 /끄/+/워/=/꿔/와 같이 발음 과정과 발음을 크게 읽으며 정확한 발음을 할 수 있도록 지도해 주세요.

🖐 쌍자음과 모음 '귀'로 이루어진 글자를 따라 적으면서 크게 발음하여 봅시다. 먼저 써 본 후에 글자를 만들어 볼까요? 부록

ㄲ + ㅟ	/끄/+/위/	/뀌/	뀌	뀌	뀌
ㄸ + ㅟ	/뜨/+/위/	/뛰/	뛰	뛰	뛰
ㅆ + ㅟ	/쓰/+/위/	/쒸/	쒸	쒸	쒸
ㅉ + ㅟ	/쯔/+/위/	/쮜/	쮜	쮜	쮜
ㅃ + ㅟ	/쁘/+/위/	/쀠/	쀠	쀠	쀠

🖐 TIP 선생님께서는 /끄/+/위/=/뀌/와 같이 발음 과정과 발음을 크게 읽으며 정확한 발음을 할 수 있도록 지도해 주세요.

🖐 쌍자음과 모음 'ㅢ'로 이루어진 글자를 따라 적으면서 크게 발음하여 봅시다. 먼저 써 본 후에 글자를 만들어 볼까요? 부록

ㄲ + ㅢ	/끄/+/이/	/끼/	끼	끼	끼
ㄸ + ㅢ	/뜨/+/이/	/띄/	띄	띄	띄
ㅆ + ㅢ	/쓰/+/이/	/씌/	씌	씌	씌
ㅉ + ㅢ	/쯔/+/이/	/쯰/	쯰	쯰	쯰
ㅃ + ㅢ	/쁘/+/이/	/쁴/	쁴	쁴	쁴

🖐 TIP 선생님께서는 /끄/+/의/=/끼/와 같이 발음 과정과 발음을 크게 읽으며 정확한 발음을 할 수 있도록 지도해 주세요.

📝 쌍자음과 모음 'ㅚ'로 이루어진 글자를 따라 적으면서 크게 발음하여 봅시다. 먼저 써 본 후에 글자를 만들어 볼까요? 부록

ㄲ + ㅚ	/끄/+/외/	/꾀/	꾀	꾀	꾀
ㄸ + ㅚ	/뜨/+/외/	/뙤/	뙤	뙤	뙤
ㅆ + ㅚ	/쓰/+/외/	/쐬/	쐬	쐬	쐬
ㅉ + ㅚ	/쯔/+/외/	/쬐/	쬐	쬐	쬐
ㅃ + ㅚ	/쁘/+/외/	/뾔/	뾔	뾔	뾔

TIP 선생님께서는 /끄/+/외/=/꾀/와 같이 발음 과정과 발음을 크게 읽으며 정확한 발음을 할 수 있도록 지도해 주세요.

📝 쌍자음과 모음 'ㅙ'로 이루어진 글자를 따라 적으면서 크게 발음하여 봅시다. 먼저 써 본 후에 글자를 만들어 볼까요? 부록

ㄲ + ㅙ	/끄/+/왜/	/꽤/	꽤	꽤	꽤
ㄸ + ㅙ	/뜨/+/왜/	/뙈/	뙈	뙈	뙈
ㅆ + ㅙ	/쓰/+/왜/	/쐐/	쐐	쐐	쐐
ㅉ + ㅙ	/쯔/+/왜/	/쫴/	쫴	쫴	쫴
ㅃ + ㅙ	/쁘/+/왜/	/뽸/	뽸	뽸	뽸

TIP 선생님께서는 /끄/+/왜/=/꽤/와 같이 발음 과정과 발음을 크게 읽으며 정확한 발음을 할 수 있도록 지도해 주세요.

부록 활용 📖 TIP 선생님께서는 부록을 사용해서 자음과 모음을 손으로 직접 조작하면서 글자를 익힐 수 있도록 도와주세요.

📓 쌍자음과 모음 'ㅞ'로 이루어진 글자를 따라 적으면서 크게 발음하여 봅시다. 먼저 써 본 후에 글자를 만들어 볼까요? 부록

ㄲ + ㅞ	/끄/ + /웨/	/꿰/	꿰	꿰	꿰
ㄸ + ㅞ	/뜨/ + /웨/	/뛔/	뛔	뛔	뛔
ㅆ + ㅞ	/쓰/ + /웨/	/쒜/	쒜	쒜	쒜
ㅉ + ㅞ	/쯔/ + /웨/	/쮀/	쮀	쮀	쮀
ㅃ + ㅞ	/쁘/ + /웨/	/쀄/	쀄	쀄	쀄

🔔 TIP 선생님께서는 /끄/ + /웨/ = /꿰/와 같이 발음 과정과 발음을 크게 읽으며 정확한 발음을 할 수 있도록 지도해 주세요.

아래 글자를 보며 같은 자음을 찾아 모두 동그라미 쳐 봅시다. 찾은 다음 모음을 바꾸어 가며 글자의 변화를 관찰해요. 부록

꽈	또	싸	까	뿌
떼	뚜	쩨	뼈	깨
쎄	꼬	써	띠	뾰
째	짜	꾸	때	쁘
빼	꾸	또	씨	뺘
꿔	껴	따	씌	뿨
쉬	뿌	뀌	째	쌔
쬐	떼	뻐	쪄	써
쮀	찌	삐	띠	쑤
뾔	짜	빠	뀌	뚜
뙈	쐐	빼	또	쭈
꽤	꾸	뿌	찌	쏘
쐬	뙈	쎄	쬐	뾰
뛰	찌	쭈	뀌	또
띄	씌	빼	때	찌

아래 글자를 보며 같은 모음을 찾아 모두 동그라미 쳐 봅시다. 찾은 다음 자음을 바꾸어 가며 글자의 변화를 관찰해요. 부록

깨	대	베	쉬	취
떼	뮈	에	뵈	캐
쐬	뀌	최	왜	틔
쫘	쥬	퇴	과	뭐
뼉	워	쏴	뉘	봐
째	대	쭈	지	추
쯰	찌	의	효	취
뙈	따	최	괘	래
뀌	뷔	해	지	끄
쒜	샤	쑤	지	궤
쯰	캬	희	왜	타
쬐	최	피	쮜	또
뀌	추	구	뒤	따
때	찌	채	떠	루
쎄	쒸	퇴	왜	제

27차시 ▶ 쌍자음+이중모음(ㅐ ㅔ ㅘ ㅝ ㅟ ㅢ ㅚ ㅙ ㅞ) 단어

📖**학습 목표** 쌍자음 + 이중모음(ㅐ ㅔ ㅘ ㅝ ㅟ ㅢ ㅚ ㅙ ㅞ)으로 이루어진 단어를 읽고 발음할 수 있다.

💡**TIP** 가로줄에 정답이 한 개씩 있습니다. 옆 빈칸에 나란히 적도록 지도해 주세요.

✏️ 쌍자음+'ㅐ'로 이루어진 글자를 찾아 아래의 빈칸에 적어 봅시다.

쌔	띄	뻬	쐐	뀌		쌔

✏️ 쌍자음+'ㅔ'로 이루어진 글자를 찾아 아래의 빈칸에 적어 봅시다.

뛰	뼈	께	꾀	뾰		께

✏️ 쌍자음+'ㅘ'로 이루어진 글자를 찾아 아래의 빈칸에 적어 봅시다.

뛰	쐐	꺄	뾔	쫘		쫘

✏️ 쌍자음+'ㅝ'로 이루어진 글자를 찾아 아래의 빈칸에 적어 봅시다.

꿔	뛰	찌	쐐	꿰		꿔

✏️ 쌍자음+'ㅟ'로 이루어진 글자를 찾아 아래의 빈칸에 적어 봅시다.

께	띄	빼	뛰	쮸		뛰

✏️ 쌍자음+'ㅢ'로 이루어진 글자를 찾아 아래의 빈칸에 적어 봅시다.

띄	뀌	쐐	꿰	쀠		띄

📝 쌍자음+'ㅚ'로 이루어진 글자를 찾아 아래의 빈칸에 적어 봅시다.

께	뙤	빼	뛰	쮸

뙤

📝 쌍자음+'ㅙ'로 이루어진 글자를 찾아 아래의 빈칸에 적어 봅시다.

꿔	뛰	찌	쐐	꿰

쐐

📝 쌍자음+'ㅞ'로 이루어진 글자를 찾아 아래의 빈칸에 적어 봅시다.

꿰	쏴	뼈	뛰	쩨

꿰

📝 아래 단어를 읽고 뜻이 담겨 있는 단어를 찾아봅시다. 무의미한 단어 말고 뜻이 담겨 있는 단어에만 동그라미 치세요. 단어를 혼자 만들어 보세요. 부록

깨다	꾸러미	쐬규	꽈리	떼쐬
꿰러기	쒸며	떼다	뾔루	쬐다
자쒜	꾀	띄뻬	꿰짜	꽤주
띄다	뛰다	쏴깨	꽈배기	쒸다
빠바	꿔다	꼬뛰	쏴	꿰리
빼다	띄쌔	꿰매다	때	꾀꼬리

💡 TIP 학생들마다 어휘의 뜻을 아는 어휘 수준이 다를 수 있으므로 개인별로 아는 수준에서 개별지도해 주시면 좋습니다.

부록 활용 📝 TIP 선생님께서는 부록을 사용해서 자음과 모음 글자를 각각 만들어 앞글자에 뒷글자를 연결시켜 보면서 단어를 만들 수 있도록 도와주세요.

28차시 ▶ 2단계 복습 활동지

📖 **학습 목표** 자음+모음의 발음을 이해하고 단어를 쓸 수 있다.

부록 활용 📋TIP 학생이 스스로 자음과 모음 글자를 각각 만들어 앞글자에 뒷글자를 연결시켜 보면서 단어를 만들어 봅니다.

🖊 아래 빈칸을 채워 봅시다. 단어가 완성되면 글자를 만들어 보아요. **부록**

자음, 모음 합치기	자음, 모음으로 나누기	단어
ㅈ, ㅏ → 자	두 → ㄷ, ㅜ	자두
ㅇ, ㅗ → 오	리 → ㄹ, ㅣ	오리
ㅅ, ㅓ → 서	재 → ㅈ, ㅐ	서재
ㅈ, ㅘ → 좌	우 → ㅇ, ㅜ	좌우

부록 활용 ✏ TIP 학생이 스스로 자음과 모음 글자를 각각 만들어 앞글자에 뒷글자를 연결시켜 보면서 단어를 만들어 봅니다.

✍ 아래 빈칸을 채워 봅시다. 단어가 완성되면 글자를 만들어 보아요. 부록

자음, 모음 합치기	자음, 모음으로 나누기	단어
○ / ㅢ → 의	자 → ㅈ / ㅏ	의자
ㅋ / ㅏ → 카	레 → ㄹ / ㅔ	카레
○ / ㅕ → 여	자 → ㅈ / ㅏ	여자
○ / ㅜ → 우	유 → ○ / ㅠ	우유

29차시 ▶ 2단계 복습 활동지

📖 **학습 목표** 자음+모음의 발음을 이해하고 단어를 쓸 수 있다.

부록 활용 🖐 TIP 학생이 스스로 자음과 모음 글자를 각각 만들어 앞글자에 뒷글자를 연결시켜 보면서 단어를 만들어 봅니다.

📝 아래 빈칸을 채워 봅시다. 단어가 완성되면 글자를 만들어 보아요. **부록**

자음, 모음 합치기	자음, 모음으로 나누기	단어
ㄱ ㅕ → 겨	자 → ㅈ ㅏ	겨자
ㅎ ㅠ → 휴	지 → ㅈ ㅣ	휴지
ㅁ ㅛ → 묘	지 → ㅈ ㅣ	묘지
ㅇ ㅑ → 야	수 → ㅅ ㅜ	야수

부록 활용 📑 TIP 학생이 스스로 자음과 모음 글자를 각각 만들어 앞글자에 뒷글자를 연결시켜 보면서 단어를 만들어 봅니다.

✏ 아래 빈칸을 채워 봅시다. 단어가 완성되면 글자를 만들어 보아요. 부록

자음, 모음 합치기	자음, 모음으로 나누기	단어
ㅎ ㅛ → 효	녀 → ㄴ ㅕ	효녀
ㅇ ㅠ → 유	리 → ㄹ ㅣ	유리
ㅇ ㅜ → 우	표 → ㅍ ㅛ	우표
ㅇ ㅑ → 야	구 → ㄱ ㅜ	야구

30차시 ▶ 2단계 복습 활동지

📖 **학습 목표** 자음+모음의 발음을 이해하고 단어를 쓸 수 있다.

부록 활용 📋 **TIP** 학생이 스스로 자음과 모음 글자를 각각 만들어 앞글자에 뒷글자를 연결시켜 보면서 단어를 만들어 봅니다.

✎ 아래 자음과 모음을 더해서 두 글자 단어를 만들어 봅시다. 같은 자음, 모음을 한 번 이상 쓸 수 있어요. (부록)

첫 번째 소리	ㄱ	ㄷ	ㄹ	ㅂ	ㅅ	ㅈ	ㅎ	ㅊ	ㄴ	ㅁ	ㅇ
두 번째 소리	ㅏ	ㅗ	ㅡ	ㅛ	ㅑ	ㅐ	ㅓ	ㅕ	ㅜ	ㅠ	ㅔ

ㄱ ㅏ	ㅈ ㅣ		ㄱ	ㅊ		ㅂ ㅏ	ㅈ ㅣ
			ㅗ	ㅜ			

ㅅ ㅏ	ㅈ ㅏ		ㄴ	ㄹ		ㄷ ㅏ	ㄹ ㅣ
			ㅗ	ㅜ			

ㅁ ㅐ	ㅁ ㅣ		ㅁ	ㅈ ㅏ		ㅅ	ㄹ ㅣ
			ㅗ			ㅗ	

ㄴ ㅏ	ㄹ ㅏ		ㅈ ㅐ	ㅁ ㅣ		ㅊ ㅐ	ㅂ ㅣ

ㅇ	ㄹ ㅣ		ㅇ	ㄹ ㅣ		ㄷ	ㄹ
ㅠ			ㅛ			ㅗ	ㅗ

31차시 ▶ 2단계 복습 활동지

📖 **학습 목표** 자음+모음의 발음을 이해하고 단어를 쓸 수 있다.

부록 활용 💡 TIP 학생이 스스로 자음과 모음 글자를 각각 만들어 앞글자에 뒷글자를 연결시켜 보면서 단어를 만들어 봅니다.

🖋 아래 자음과 모음을 더해서 두 글자 단어를 만들어 봅시다. 같은 자음, 모음을 한 번 이상 쓸 수 있어요. 부록

첫 번째 소리	ㅎ	ㅁ	ㅇ	ㄷ	ㄹ	ㅃ	ㄱ	ㅈ	ㄴ
두 번째 소리	ㅏ	ㅗ	ㅡ	ㅐ	ㅕ	ㅜ	ㅣ	ㅓ	ㅠ

ㅈㅣ	ㅇㅜ	ㄱㅐ		ㅃㅜ	ㄹㅣ ㄷㅏ
ㅎㅓ	ㄹㅣ	ㅃㅕ		ㅃㅏ	ㅈㅣ ㄷㅏ
ㄹㅏ	ㄷㅣ	ㅇㅗ		ㄴㅡ	ㄹㅣ ㄷㅏ
ㄷㅗ	ㅇㅜ	ㅁㅣ		ㄷㅜ	ㄹㅜ ㅁㅣ
ㄷㅏ	ㄹㅣ	ㅁㅣ		ㅁㅗ	ㅇㅡ ㄷㅏ

2단계 복습 활동지

📖 **학습 목표** 자음+모음의 발음을 이해하고 단어를 쓸 수 있다.

✏️ 아래 세 개의 단어 중에서 **첫소리가 다른** 하나는 무엇인가요?

모자	우유	우리		모자
도주	도로	자리		자리
거지	하루	거대		하루
주파	다시	주소		다시
바보	파도	파리		바보
호수	호두	소수		소수
재수	세수	세기		재수
가지	휴지	가시		휴지
나비	나무	유기		유기
배치	배우	메기		메기
노래	시소	노루		시소
구리	차비	차지		구리
모두	보루	보수		모두
배구	배우	오리		오리
가게	가치	카메라		카메라
토마토	라디오	토지		라디오

33차시 ▶ 2단계 복습 활동지

📖**학습 목표** 자음+모음의 발음을 이해하고 단어를 쓸 수 있다.

✏️ 아래 세 개의 단어 중에서 <u>끝소리가 다른</u> 하나는 무엇인가요?

사자	바지	투지		사자
도구	치마	지구		치마
의미	바위	가위		의미
하마	꼬마	마차		마차
소비	나무	고무		소비
어부	주부	하루		하루
다리	머리	지구		지구
파리	고소	시소		파리
하루	노루	소리		소리
보수	새우	배우		보수
토끼	기차	도끼		기차
모자	오리	자리		모자
가마	나무	파마		가마
그네	사자	부자		그네
추위	의지	대지		추위
호두	자두	거미		거미

2단계 복습 활동지

📖 **학습 목표** 자음+모음의 발음을 이해하고 단어를 쓸 수 있다.

✏️ 아래 설명을 듣고 올바른 답을 적어 보세요. 글자를 만들고 자음을 직접 빼 보면서 해요. **부록**

무	'무'에서 자음 '므'소리를 빼면 어떤 소리가 남을까요?	우
도	'도'에서 자음 '드'소리를 빼면 어떤 소리가 남을까요?	오
새	'새'에서 자음 '스'소리를 빼면 어떤 소리가 남을까요?	애
타	'타'에서 자음 '트'소리를 빼면 어떤 소리가 남을까요?	아
훼	'훼'에서 자음 '흐'소리를 빼면 어떤 소리가 남을까요?	웨
좨	'좨'에서 자음 '즈'소리를 빼면 어떤 소리가 남을까요?	왜
셔	'셔'에서 자음 '스'소리를 빼면 어떤 소리가 남을까요?	여
퓨	'퓨'에서 자음 '프'소리를 빼면 어떤 소리가 남을까요?	유
제	'제'에서 자음 '즈'소리를 빼면 어떤 소리가 남을까요?	에
뱌	'뱌'에서 자음 '브'소리를 빼면 어떤 소리가 남을까요?	야
쿄	'쿄'에서 자음 '크'소리를 빼면 어떤 소리가 남을까요?	쿄
로	'로'에서 자음 '르'소리를 빼면 어떤 소리가 남을까요?	오
즤	'즤'에서 자음 '즈'소리를 빼면 어떤 소리가 남을까요?	의

2단계 복습 활동지

📖 **학습 목표** 자음+모음의 발음을 이해하고 단어를 쓸 수 있다.

🔊 아래 설명을 듣고 올바른 답을 적어 보세요. 글자를 만들고 자음을 직접 바꾸어 보면서 해요. 부록

오리	'오리'에서 '오'를 '머'로 바꾸면 무슨 소리가 될까요?	머리
휴지	'휴지'에서 '휴'를 '거'로 바꾸면 무슨 소리가 될까요?	거지
겨자	'겨자'에서 '겨'를 '여'로 바꾸면 무슨 소리가 될까요?	여자
의사	'의사'에서 '의'를 '주'로 바꾸면 무슨 소리가 될까요?	주사
회비	'회비'에서 '회'를 '차'로 바꾸면 무슨 소리가 될까요?	차비
하마	'하마'에서 '하'를 '이'로 바꾸면 무슨 소리가 될까요?	이마
보리	'보리'에서 '보'를 '머'로 바꾸면 무슨 소리가 될까요?	머리

지구	'지구'에서 '구'를 '리'로 바꾸면 무슨 소리가 될까요?	지리
가래	'가래'에서 '래'를 '구'로 바꾸면 무슨 소리가 될까요?	가구
소유	'소유'에서 '유'를 '지'로 바꾸면 무슨 소리가 될까요?	소비
파도	'파도'에서 '도'를 '리'로 바꾸면 무슨 소리가 될까요?	파리
세수	'세수'에서 '수'를 '모'로 바꾸면 무슨 소리가 될까요?	세모
의미	'의미'에서 '미'를 '자'로 바꾸면 무슨 소리가 될까요?	의자
모기	'모기'에서 '기'를 '자'로 바꾸면 무슨 소리가 될까요?	모자

단계

03

36차시 ▶ 초성+단모음+기본받침(ㄱㄴㄹㅁㅂㅇ) 글자

📖 **학습 목표** 기본받침(ㄱㄴㄹㅁㅂㅇ)을 발음할 수 있다.

🔘 빨강(자음-초성)+파랑(모음-중성)+검정(자음-받침) 순으로 글자를 만들고 큰 소리로 읽어 봅시다. 읽고 나서 직접 써 보세요. **부록**

	ㅏ	ㅏ	ㅏ	ㅓ	ㅓ	ㅓ
ㄱ	각	간	갈	검	겁	겅
ㄱㄴ	낙	난	날	넘	넙	넝
ㄷ	닥	단	달	덤	덥	덩
ㄹ	락	란	랄	럼	럽	렁
ㅁ	막	만	말	멈	멉	멍
ㅂ	박	반	발	범	법	벙
ㅅ	삭	산	살	섬	섭	성
ㅇ	악	안	알	엄	업	엉
ㅈ	작	잔	잘	점	접	정
ㅊ	착	찬	찰	첨	첩	청
ㅋ	칵	칸	칼	컴	컵	컹
ㅌ	탁	탄	탈	텀	텁	텅
ㅍ	팍	판	팔	펌	펍	펑
ㅎ	학	한	할	험	헙	헝
	ㄱ /윽/	ㄴ /은/	ㄹ /을/	ㅁ /음/	ㅂ /읍/	ㅇ /응/

💡 **TIP** 글자 만들기는 학생이 편하게 느끼는 순서를 정해 가로 또는 세로 방향으로 만들도록 지도합니다. 글자 만들기를 어려워 할 경우, 몇 줄은 선생님께서 함께 해 주셔도 좋습니다.

부록 활용 💡 **TIP** 선생님께서는 부록을 사용해서 자음과 모음을 손으로 직접 조작하면서 글자를 익힐 수 있도록 도와주세요.

아래 글자를 천천히 읽어 보며 같은 받침소리에 동그라미 쳐 봅시다.

탐	할	탄	콤	불
훈	진	창	톨	홀
폰	칼	창	물	빈
찰	옥	빌	중	국
콕	솔	진	창	픅
겁	뷥	검	복	눌
품	탑	몸	폰	장
홀	알	손	몸	혼
앙	중	암	찹	푹
종	잘	졸	중	진
순	속	반	술	각
곡	징	학	진	찹
흡	일	텀	삽	윽
담	속	흑	톰	항
출	핑	큽	힌	발

TIP 공통점이 있는 글자를 찾기 어려워한다면 모든 글자를 천천히 자음/모음/자음(받침) 단위로 끊어 읽어 보도록 합니다.

37차시 ▶ 초성+단모음+기본받침(ㄱㄴㄹㅁㅂㅇ) 단어

📖 **학습 목표** 기본받침(ㄱㄴㄹㅁㅂㅇ) 단어를 발음할 수 있다.

✏️ 아래 기본 받침자음을 보고 그림이 나타내는 두 글자 단어의 받침을 골라 적어 봅시다. 부록

💬 **TIP** 그림을 보고 단어를 먼저 소리 내어 말하게 한 뒤, 글자를 채워 보도록 지도합니다.

부록 활용 💬 **TIP** 선생님께서는 부록을 사용해서 자음과 모음을 손으로 직접 조작하면서 글자를 익힐 수 있도록 도와주세요.

📋 아래 받침자음을 보고 그림이 나타내는 세 글자 단어의 받침을 골라 적어 봅시다. 부록

받침
ㄱ
ㄴ
ㄹ
ㅁ
ㅂ
ㅇ

자	도 ㅇ	차
커 ㅁ	퓨	터
유	리	커 ㅂ
코	뿌 ㄹ	소
사	무 ㄹ	하 ㅁ
보	석 ㄱ	하 ㅁ
고 ㅇ	기	바 ㅂ
시 ㄴ	호	드 ㅇ
도	시	라 ㄱ
우 ㄴ	도 ㅇ	자 ㅇ
소 ㄴ	가	라 ㄱ

💡 TIP 　그림을 보고 단어를 먼저 소리 내어 말하게 한 뒤, 글자를 채워 보도록 지도합니다.

부록 활용 📖 TIP 　선생님께서는 부록을 사용해서 자음과 모음을 손으로 직접 조작하면서 글자를 익힐 수 있도록 도와주세요.

아래 단어를 읽고 받침소리가 같은 단어를 찾아봅시다.

단추	술병	산소	홀로	직수
통치	목석	김치	성취	버스
바람	구름	바닥	술수	사실
하늘	진심	폭포	노을	도망
팔찌	홀수	치약	비누	소식
은혜	기부	혼자	노랑	여름
박수	가을	파리	겨울	악수
가방	놀이	허리	자랑	속지
장소	망고	한지	봄비	가을
살구	가락	꼬리	물소	상처
반지	고기	친구	꾸밈	직화
중앙	앙상	햇살	꼴찌	엄마
분홍	정직	반장	교실	초록
속담	빈속	파손	분신	작심
곡식	연필	꼼수	폭식	필통

🔎 TIP 공통점이 있는 단어를 찾기 어려워한다면 음절단위로 끊어 읽도록 지도하거나 각 단어의 받침자음만 단어 위에 적어 보도록 지도합니다.

38차시 ▶ 초성+단모음+ㄷ소리(ㄷㅅㅆㅈㅊㅌㅎ) 가족 글자

📖 **학습 목표** ㄷ 소리(ㄷㅅㅆㅈㅊㅌㅎ) 받침을 발음할 수 있다.

✏️ 빨강(자음-초성)+파랑(모음-중성)+보라(자음-받침) 순으로 글자를 만들고 큰 소리로 읽어 봅시다. 모두 "읃" 소리가 나는 받침이에요. 부록

	ㅏ	ㅏ	ㅏ	ㅏ	ㅓ	ㅓ	ㅓ
ㄱ	갇	갓	갔	갖	겇	겉	겋
ㄴ	낟	낫	났	낮	넟	넡	넣
ㄷ	닫	닷	닸	닺	덫	덭	덯
ㄹ	랃	랏	랐	랒	렃	렅	렇
ㅁ	맏	맛	맜	맞	멏	멑	멓
ㅂ	받	밧	밨	밪	벛	벝	벟
ㅅ	삳	삿	샀	샂	섳	섵	섷
ㅇ	앋	앗	았	앚	엋	엍	엏
ㅈ	잗	잣	잤	잦	젗	젙	젛
ㅊ	찯	찻	챘	찿	첯	첱	첳
ㅋ	칻	캇	캈	캊	컻	컽	컿
ㅌ	탇	탓	탔	탖	텇	텉	텋
ㅍ	팓	팟	팠	팢	펓	펕	펗
ㅎ	핟	핫	핬	핮	헟	헡	헣
	ㄷ /읃/	ㅅ /읃/	ㅆ /읃/	ㅈ /읃/	ㅊ /읃/	ㅌ /읃/	ㅎ /읃/

💡 **TIP** 글자 만들기는 학생이 편하게 느끼는 순서를 정해 가로 또는 세로 방향으로 만들도록 지도합니다. 글자 만들기를 어려워할 경우, 몇 줄은 선생님께서 함께 해 주셔도 좋습니다.

부록 활용 💡 **TIP** 선생님께서는 부록을 사용해서 자음과 모음을 손으로 직접 조작하면서 글자를 익힐 수 있도록 도와주세요.

✍ 아래 글자를 천천히 읽어 보고 <u>같은 받침 모양 글자</u>에 동그라미 쳐 봅시다.

갇	몯	컽	앛	첫
덧	갇	넛	롱	틪
숯	굿	뭊	컽	팣
밑	겆	돋	뱉	숫
앟	멋	츴	샹	핕

✍ 아래 글자를 천천히 읽어 보고 <u>같은 받침 소리 글자</u>에 동그라미 쳐 봅시다. 모두 "읃" 소리가 나야 해요. 부록

갇	갓	갑	각	간
덧	덕	덪	덮	덥
숟	순	숙	숱	숭
밑	밍	밋	민	믹
앋	앗	안	악	압

★TIP 공통점이 있는 글자를 찾기 어려워한다면 모든 글자를 천천히 자음/모음/자음(받침) 단위로 끊어 읽어 보도록 합니다.

39차시 ▶ 초성+단모음+ㄷ소리(ㄷㅅㅆㅈㅊㅌㅎ)가족 단어

📖 **학습 목표** ㄷ 소리(ㄷㅅㅆㅈㅊㅌㅎ) 받침 단어를 발음할 수 있다.

✏️ 아래 받침 자음을 참고하여 선생님께서 읽어 주는 단어의 받침을 적어 봅시다. 부록

받침
ㅅ
ㅆ
ㅊ
ㅌ
ㄷ
ㅎ
ㅈ

듣다

씻다

갔다

짖다

쫓다

붙다

쌓다

드 / ㄷ	다
씨 / ㅅ	다
가 / ㅆ	다
지 / ㅈ	다
쪼 / ㅊ	다
부 / ㅌ	다
싸 / ㅎ	다

🔵 **TIP** 선생님께서 읽어 주시는 단어를 듣고 따라 말하게 한 뒤, 글자를 채워 보도록 지도합니다.

부록 활용 ✏️ **TIP** 선생님께서는 부록을 사용해서 자음과 모음을 손으로 직접 조작하면서 글자를 익힐 수 있도록 도와주세요.

✏ 아래 단어를 읽고 받침 소리가 같은 단어를 찾아봅시다.

돋보기	싫다	얻다	밉다
빗다	짖다	기울다	줍다
잦다	잇다	지움	갖다
빛	홀수	닻	춤
받다	춥다	월세	싣다
끝	흩어지다	실수	채움
파랗다	좁다	커다랗다	꼭지
촛대	필수	자전거	씻다
탔다	폈다	공기	밤새
쫓다	아쉽다	쌓다	수압
붙이다	탈수	엿보다	넘다
텃새	솟다	출구	톱

TIP 공통점이 있는 단어를 찾기 어려워한다면 음절단위로 끊어 읽도록 지도하거나 각 단어의 받침자음만 단어 위에 적어 보도록 지도합니다.

40차시 ▶ 초성+단모음+ㄱ·ㅂ소리(ㄱㅋㄲ/ㅂㅍ) 가족 글자

📖 **학습 목표** ㄱ·ㅂ소리(ㄱㅋㄲ/ㅂㅍ) 받침을 발음할 수 있다.

✏️ 빨강(자음-초성)+파랑(모음-중성)+청록/갈색(자음-종성) 순으로 글자를 만들고 큰 소리로 읽어 봅시다. "윽" 소리와 "읍" 소리가 나는 받침이에요. <u>부록</u>

	ㅏ	ㅏ	ㅏ	ㅓ	ㅓ
ㄱ	각	갘	갂	겁	겊
ㄴ	낙	낰	낚	넙	넢
ㄷ	닥	닼	닦	덥	덮
ㄹ	락	랔	랚	럽	렆
ㅁ	막	맠	맊	멉	멒
ㅂ	박	밬	밖	법	벞
ㅅ	삭	샄	샊	섭	섶
ㅇ	악	앜	앆	업	엎
ㅈ	작	잨	잒	접	젚
ㅊ	착	챀	챆	첩	첖
ㅋ	칵	캌	칶	컵	컾
ㅌ	탁	탘	탂	텁	텊
ㅍ	팍	팤	팎	펍	펎
ㅎ	학	핰	핚	헙	헢
	ㄱ /윽/	ㅋ /윽/	ㄲ /윽/	ㅂ /읍/	ㅍ /읍/

💡 **TIP** 글자 만들기는 학생이 편하게 느끼는 순서를 정해 가로 또는 세로 방향으로 만들도록 지도합니다. 글자 만들기를 어려워 할 경우, 몇 줄은 선생님께서 함께 해 주셔도 좋습니다.

부록 활용 💡 **TIP** 선생님께서는 부록을 사용해서 자음과 모음을 손으로 직접 조작하면서 글자를 익힐 수 있도록 도와주세요.

아래 글자를 천천히 읽어 보고 <u>같은 받침 모양 글자</u>에 동그라미 쳐 봅시다.

넉	굽	독	줍	춒
갑	넉	막	롭	덖
룩	류	읍	습	믁
돞	칶	틖	픽	학
빆	싫	삵	없	합

TIP 공통점이 있는 글자를 찾기 어려워한다면 모든 글자를 천천히 자음/모음/자음(받침) 단위로 끊어 읽어 보도록 합니다.

아래 글자를 천천히 읽어 보고 <u>같은 받침 소리 글자</u>에 동그라미 쳐 봅시다. "윽" 혹은 "읍" 소리가 나야 해요.

축	읽	춥	딥	류
좁	죽	숲	품	축
틱	핍	튜	큭	힙
큐	듞	십	국	늮
헉	삭	싫	홉	툽

TIP 공통점이 있는 글자를 찾기 어려워한다면 모든 글자를 천천히 자음/모음/자음(받침) 단위로 끊어 읽어 보도록 합니다.

41차시 ▶ 초성+단모음+ㄱ·ㅂ소리(ㄱㅋㄲ/ㅂㅍ)가족단어

📖 **학습 목표** ㄱ·ㅂ소리(ㄱㅋㄲ/ㅂㅍ) 받침 단어를 발음할 수 있다.

📘 아래 받침을 참고하여 선생님이 읽어 주는 단어의 받침을 적어 봅시다. (부록)

받침 쓰기

TIP 그림을 보고 단어를 먼저 소리 내어 말하게 한 뒤, 글자를 채워 보도록 지도합니다.

부록 활용 TIP 선생님께서는 부록을 사용해서 자음과 모음을 손으로 직접 조작하면서 글자를 익힐 수 있도록 도와주세요.

아래 받침을 참고하여 선생님이 읽어 주는 단어의 받침을 적어 봅시다. 부록

받침 쓰기

TIP 선생님께서 읽어 주시는 단어를 듣고 따라 말하게 한 뒤, 글자를 채워 보도록 지도합니다.

부록 활용 TIP 선생님께서는 부록을 사용해서 자음과 모음을 손으로 직접 조작하면서 글자를 익힐 수 있도록 도와주세요.

✏️ 아래 단어를 읽고 받침 소리가 같은 단어를 찾아봅시다. 단어들을 직접 만들어 보세요. 부록

미역	부엌	모양	비율	마녀
낚시	누수	연유	날씨	악어
들녘	동녘	달력	들판	담력
안팎	신랑	연필	순록	약품
목적	걱정	밤낮	문장	북녘
수갑	콩알	시간	코앞	수건
무릎	기업	매력	무료	거울
덮밥	답변	옆집	당번	입장
볏짚	맷집	반장	만족	발전
졸업	직업	편식	정원	풀숲

🔦 TIP 공통점이 있는 단어를 찾기 어려워한다면 음절단위로 끊어 읽도록 지도하거나 각 단어의 받침자음만 단어 위에 적어 보도록 지도합니다.

42차시 ▶ 초성+이중·미끌모음+기본받침(ㄱㄴㄹㅁㅂㅇ) 글자

📖 **학습 목표** 초성+이중·미끌모음+기본받침(ㄱㄴㄹㅁㅂㅇ)으로 이루어진 글자를 발음할 수 있다.

✏️ 파랑(모음-중성)+검정(자음-종성) 순으로 글자를 만들고 큰 소리로 읽어 봅시다. [부록]

	ㄱ	ㄴ	ㄹ	ㅁ	ㅂ	ㅇ
ㅑ	약	얀	얄	얌	얍	양
ㅕ	역	연	열	염	엽	영
ㅛ	욕	욘	욜	욤	욥	용
ㅠ	육	윤	율	윰	윱	융
ㅒ	액	얜	얠	얨	얩	얭
ㅖ	엑	엔	엘	엠	엡	엥
ㅒ	액	얜	얠	얨	얩	얭
ㅖ	옉	옌	옐	옘	옙	옝
ㅘ	왁	완	왈	왐	왑	왕
ㅙ	왝	왠	왤	왬	왭	왱
ㅚ	윅	원	월	욈	욉	욍
ㅝ	웍	원	월	웜	웝	웡
ㅞ	웩	웬	웰	웸	웹	웽
ㅟ	윅	윈	윌	윔	윕	윙
ㅢ	읰	읜	읠	읨	읩	읭
	ㄱ /윽/	ㄴ /은/	ㄹ /을/	ㅁ /음/	ㅂ /읍/	ㅇ /응/

💡 **TIP** 글자 만들기는 학생이 편하게 느끼는 순서를 정해 가로 또는 세로 방향으로 만들도록 지도합니다. 글자 만들기를 어려워할 경우, 몇 줄은 선생님께서 함께 해 주셔도 좋습니다.

부록 활용 💡 **TIP** 선생님께서는 부록을 사용해서 자음과 모음을 손으로 직접 조작하면서 글자를 익힐 수 있도록 도와주세요.

📝 (자음-초성)+(모음-중성)+(자음-종성) 순으로 글자를 만들고 큰 소리로 읽어 봅시다. 부록

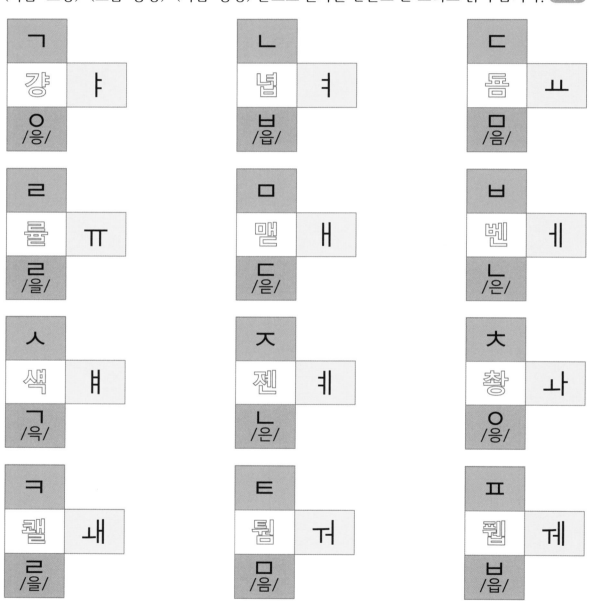

💡 TIP 글자 만들기는 학생이 편하게 느끼는 순서를 정해 가로 또는 세로 방향으로 만들도록 지도합니다. 글자 만들기를 어려워할 경우, 몇 줄은 선생님께서 함께 해 주셔도 좋습니다.

부록 활용 💡 TIP 선생님께서는 부록을 사용해서 자음과 모음을 손으로 직접 조작하면서 글자를 익힐 수 있도록 도와주세요.

✎ 아래 글자를 천천히 읽어 보고 같은 받침 모양 글자에 동그라미 쳐 봅시다. (부록)

약	얍	역	욘	율
연	옅	융	욤	얀
욘	얕	열	웁	욤
율	육	욘	열	양
앰	앱	엠	얜	옐
엡	엩	영	얨	엡
앵	앵	열	옙	앰
엑	엔	액	엘	앵
완	왇	왤	웹	윈
왠	욈	왣	윌	웽
욀	웬	왈	왬	윋
웸	왠	욀	임	왑
윕	왑	웰	윙	일
잉	왼	윕	왐	왱

💬 **TIP** 공통점이 있는 글자를 찾기 어려워한다면 모든 글자를 천천히 자음/모음/자음(받침) 단위로 끊어 읽어 보도록 합니다.

부록 활용 💬 **TIP** 선생님께서는 부록을 사용해서 자음과 모음을 손으로 직접 조작하면서 글자를 익힐 수 있도록 도와주세요.

43차시 ▶ 초성+이중·미끌모음+기본받침(ㄱㄴㄹㅁㅂㅇ) 단어

📖 **학습 목표** 초성+이중·미끌모음+기본받침(ㄱㄴㄹㅁㅂㅇ)으로 이루어진 글자로 발음할 수 있다.

✋ 아래 받침 자음을 참고하여 선생님께서 읽어 주는 단어의 받침을 적어 봅시다. 부록

받침 쓰기

받침
ㄱ
ㄴ
ㄹ
ㅁ
ㅂ
ㅇ

영국

관광

겸손

결혼

엽서

색연필

광화문

여 ㅇ	구
과 ㄴ	과 ㅇ
겨 ㅁ	소 ㄴ
겨 ㄹ	호 ㄴ
여 ㅂ	서

| 새 ㄱ | 여 ㄴ | 피 ㄹ |

| 과 ㅇ | 화 | 무 ㄴ |

💡 **TIP** 선생님께서 읽어 주시는 단어를 듣고 따라 말하게 한 뒤, 글자를 채워 보도록 지도합니다.

부록 활용 💡 **TIP** 선생님께서는 부록을 사용해서 자음과 모음을 손으로 직접 조작하면서 글자를 익힐 수 있도록 도와주세요.

아래 단어를 읽고 받침 소리가 같은 단어를 찾아봅시다. 찾은 후 단어를 만들어 보세요. 부록

광대	결혼	왕비	의자
열무	악수	전망	결투
샘터	냄새	생수	터널
역도	전구	향수	석류
확대기	전화기	작대기	대나무
면허	연수	멍게	형사
육지	분수	축구	성장
접수	엽서	전기	수정
별자리	도시락	비행기	열차표
영	연	발	정
단위	만화	방귀	당근
구역	공기	후회	추적

TIP 공통점이 있는 단어를 찾기 어려워한다면 음절단위로 끊어 읽도록 지도하거나 각 단어의 받침자음만 단어 위에 적어 보도록 지도합니다.

44차시 ▶ 초성+이중·미끌모음+ㄷ 소리(ㄷㅅㅆㅈㅊㅌㅎ) 가족 글자

📖 **학습 목표** 초성+이중·미끌모음+ㄷ 소리(ㄷㅅㅆㅈㅊㅌ) 받침으로 이루어진 글자를 발음할 수 있다.

✏️ 파랑(모음-중성)+보라(자음-종성) 순으로 글자를 만들어 보고 써 보세요 (부록)

	ㄷ /읃/	ㅅ /읃/	ㅆ /읃/	ㅈ /읃/	ㅊ /읃/	ㅌ /읃/	ㅎ /읃/
ㅐ	앧	앳	앴	앶	앷	앹	앻
ㅔ	엗	엣	엤	엦	엧	엩	엫
ㅒ	얟	얫	얬	얮	얯	얱	얳
ㅖ	옏	옛	옜	옞	옟	옡	옣
ㅘ	왇	왓	왔	왖	왗	왙	왛
ㅚ	욷	욋	욌	욎	욏	욑	욓
ㅙ	왣	왯	왰	왲	왳	왵	왷
ㅝ	웓	웟	웠	웢	웣	웥	웧
ㅟ	윋	윗	윘	윚	윛	윝	윟
ㅞ	웯	웻	웼	웾	웿	웱	웳
ㅢ	읟	읫	읬	읮	읯	읱	읳

🔵 **TIP** 글자 만들기는 학생이 편하게 느끼는 순서를 정해 가로 또는 세로 방향으로 만들도록 지도합니다. 글자 만들기를 어려워할 경우, 몇 줄은 선생님께서 함께 해 주셔도 좋습니다.

🔵 **부록 활용** 🔵 **TIP** 선생님께서는 부록을 사용해서 자음과 모음을 손으로 직접 조작하면서 글자를 익힐 수 있도록 도와주세요.

✏️ (자음-초성)+(모음-중성)+(자음-종성) 순으로 글자를 만들고 큰 소리로 읽어 봅시다. 부록

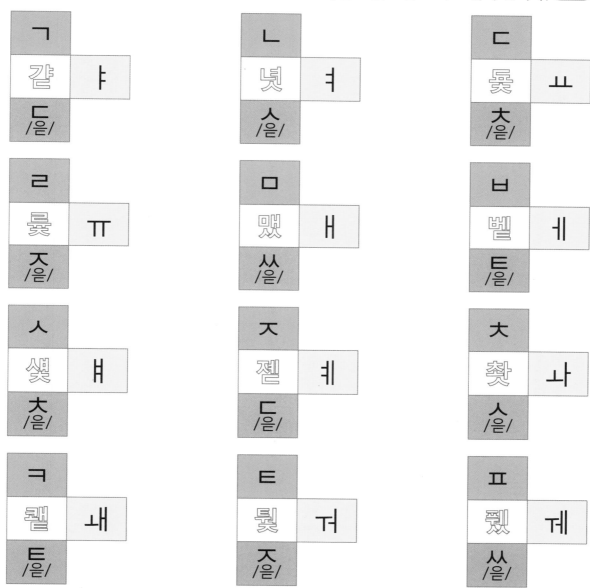

💡 **TIP** 글자 만들기는 학생이 편하게 느끼는 순서를 정해 가로 또는 세로 방향으로 만들도록 지도합니다. 글자 만들기를 어려워할 경우, 몇 줄은 선생님께서 함께 해 주셔도 좋습니다.

부록 활용 ✏️ **TIP** 선생님께서는 부록을 사용해서 자음과 모음을 손으로 직접 조작하면서 글자를 익힐 수 있도록 도와주세요.

아래 글자를 천천히 읽어 보고 받침 소리가 같은 글자에 동그라미 처 봅시다.

앧	얍	앳	엠	욥
엣	앧	엥	왐	옛
앷	앧	앨	윕	욤
옛	웝	욘	잋	윙
왔	윕	웻	액	옐
욑	엗	엥	임	윋
왣	윗	엘	욉	앰
윗	옌	왓	윌	앵
윘	웍	왤	웹	옏
웻	왼	앳	윌	왕
잋	엔	엣	윌	윙
왔	완	윅	앴	왑
앧	웜	윅	윙	월
엩	왼	윈	왑	왣

💡 **TIP** 공통점이 있는 글자를 찾기 어려워한다면 모든 글자를 천천히 자음/모음/자음(받침) 단위로 끊어 읽어 보도록 합니다.

45차시 ▶ 초성+단모음+ㄷ소리(ㄷㅅㅆㅈㅊㅌㅎ) 가족단어

📖 **학습 목표** 초성+단모음+ㄷ 소리(ㄷㅅㅆㅈㅊㅌㅎ) 받침으로 이루어진 단어를 발음할 수 있다.

✏️ 아래 받침자음을 참고하여 선생님께서 읽어 주는 단어의 받침을 적어 봅시다. 부록

받침 쓰기

받침		
ㅅ	외웠다	외 / 워(ㅆ) / 다
ㅆ	샛별	새(ㅅ) / 벼ㄹ
ㅊ	뱉다	배(ㅌ) / 다
ㅌ	미닫이	미 / 다(ㄷ) / 이
ㄷ	윷놀이	유(ㅊ) / 노ㄹ / 이
ㅎ	하얗다	하 / 야(ㅎ) / 다
ㅈ	맺히다	매(ㅈ) / 히 / 다

ℹ️ **TIP** 선생님께서 읽어 주시는 단어를 듣고 따라 말하게 한 뒤, 글자를 채워 보도록 지도합니다.

ℹ️ **부록 활용** ℹ️ **TIP** 선생님께서는 부록을 사용해서 자음과 모음을 손으로 직접 조작하면서 글자를 익힐 수 있도록 도와주세요.

📝 아래 단어를 읽고 받침 소리가 같은 단어를 찾아봅시다.

앳되다	살다	잣대	트럭
폈다	지웠다	집다	돌리다
겉치레	탄소	치장	떠맡다
뱃머리	차갑다	솟구치다	돌보다
지나왔다	살다	줍다	태웠다
뿌옇다	노랗다	검다	싱그럽다
엿보다	녹다	놋쇠	달다
뱉어내다	그립다	팅기다	붙이다
맺다	젖히다	먹다	펼치다
받치다	삼키다	묻히다	곱다
빛	각	윷	톱
횟수	잿더미	태엽	흰개미

💡 TIP 공통점이 있는 단어를 찾기 어려워한다면 음절단위로 끊어 읽도록 지도하거나 각 단어의 받침자음만 단어 위에 적어 보도록 지도합니다.

46차시 ▶ 초성+이중·미끌모음+ㄱ·ㅂ 소리(ㄱㅋㄲ/ㅂㅍ) 가족 글자

📖 **학습 목표** 초성+이중·미끌모음+ㄱ 소리(ㄱㅋㄲ)·ㅂ 소리(ㅂㅍ) 받침으로 이루어진 글자를 발음할 수 있다.

✏️ 파랑(모음-중성)+청록/갈색(자음-종성) 순으로 글자를 만들어 보고 써 보세요. 【부록】

	ㅂ /읍/	ㅍ /읍/	ㄱ /윽/	ㅋ /윽/	ㄲ /윽/
ㅑ	얍	얖	약	얔	얶
ㅕ	엽	옆	역	엌	엮
ㅛ	욥	욮	욕	욐	욖
ㅠ	윱	윲	육	윢	윾
ㅐ	앱	앺	액	앸	앢
ㅔ	엡	엪	엑	엨	엒
ㅒ	얩	얲	얙	얰	얚
ㅖ	옙	옢	옉	옠	옊
ㅘ	왑	왚	왁	왘	왂
ㅙ	왭	왶	왝	왰	왞
ㅚ	욁	욊	왹	욌	왺
ㅝ	웑	웚	웍	웘	웎
ㅞ	웹	웺	웩	웱	웪
ㅟ	윕	윚	윅	윘	윆
ㅢ	읩	읲	읙	읰	읚

💡 **TIP** 글자 만들기는 학생이 편하게 느끼는 순서를 정해 가로 또는 세로 방향으로 만들도록 지도합니다. 글자 만들기를 어려워할 경우, 몇 줄은 선생님께서 함께 해 주셔도 좋습니다.

【부록 활용】💡 **TIP** 선생님께서는 부록을 사용해서 자음과 모음을 손으로 직접 조작하면서 글자를 익힐 수 있도록 도와주세요.

✐ (자음-초성)+(모음-중성)+(자음-종성) 순으로 글자를 만들고 큰 소리로 읽어 봅시다. 부록

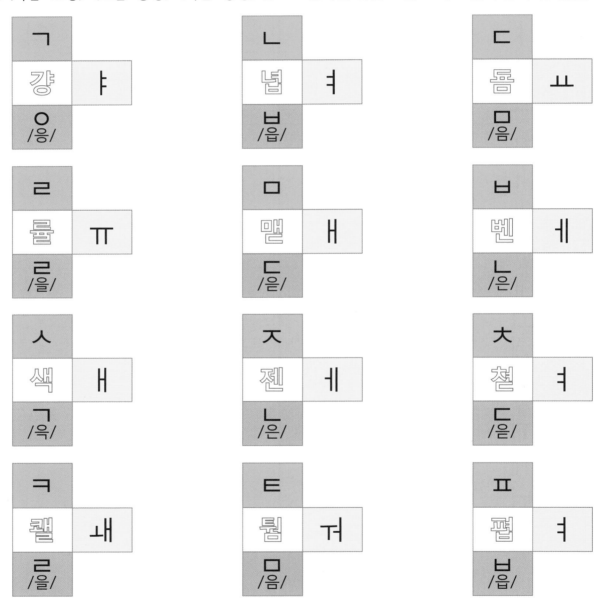

TIP 글자 만들기는 학생이 편하게 느끼는 순서를 정해 가로 또는 세로 방향으로 만들도록 지도합니다. 글자 만들기를 어려워할 경우, 몇 줄은 선생님께서 함께 해 주셔도 좋습니다.

부록 활용 TIP 선생님께서는 부록을 사용해서 자음과 모음을 손으로 직접 조작하면서 글자를 익힐 수 있도록 도와주세요.

✎ 아래 글자를 천천히 읽어 보고 받침 소리가 같은 글자에 동그라미 쳐 봅시다.

엽	육	왑	옌	앨
액	왼	왁	앤	왕
얍	액	엔	왑	왓
왁	월	왼	웩	열
옆	욜	엔	욥	왐
왁	완	웍	왱	옌
왝	웡	얏	완	육
육	연	액	웝	윈
옙	엽	앤	율	왕
엑	왈	의	원	육

🔵 TIP 공통점이 있는 글자를 찾기 어려워한다면 모든 글자를 천천히 자음/모음/자음(받침) 단위로 끊어 읽어 보도록 합니다.

47차시 ▶ 초성+이중·미끌모음+ㄱ·ㅂ 소리(ㄱㅋㄲ/ㅂㅍ) 가족 단어

📖 **학습 목표** 초성+이중 · 미끌모음+ㄱ 소리(ㄱㅋㄲ) · ㅂ 소리(ㅂㅍ) 받침으로 이루어진 단어를 발음할 수 있다.

✏ 아래 받침자음을 참고하여 선생님께서 읽어 주는 단어의 받침을 적어 봅시다. 부록

받침 쓰기

받침
ㅂ
ㅍ
ㄱ
ㅋ
ㄲ

약국

옆집

엽서

육수

엮다

백조

부엌

야	구
ㄱ	ㄱ

여	지
ㅍ	ㅂ

여	서
ㅂ	

유	수
ㄱ	

여	다
ㄲ	

배	조
ㄱ	

부	어
	ㅋ

💬 TIP 선생님께서 읽어 주시는 단어를 듣고 따라 말하게 한 뒤, 글자를 채워 보도록 지도합니다.

부록 활용 💬 TIP 선생님께서는 부록을 사용해서 자음과 모음을 손으로 직접 조작하면서 글자를 익힐 수 있도록 도와주세요.

아래 단어를 읽고 첫 받침 소리가 같은 단어를 찾아봅시다. 찾은 후 글자를 만들어 보아요. 부록

약사	팔목	육수	월식
엽서	밉다	요일	공책
백제	샘물	답글	택배
옆집	달력	앞집	공책
엮다	백조	환희	깎다
확신	눈물	횃불	왁스
겪다	닭다	밉다	쓴다
답글	든다	입다	달다
약국	병원	약통	서랍

TIP 공통점이 있는 단어를 찾기 어려워한다면 음절단위로 끊어 읽도록 지도하거나 각 단어의 받침자음만 단어 위에 적어 보도록 지도합니다.

3단계 복습 활동지

48차시

📖 **학습 목표** 받침이 있는 글자와 단어를 발음할 수 있다.

부록 활용 🔲 TIP 학생 스스로 자음과 모음 글자를 각각 만들어 앞글자에 뒷글자를 연결시켜 보면서 단어를 만들어 봅니다.

✎ 아래 빈칸을 채워 봅시다. 단어가 완성되면 직접 만들어 보아요. **부록**

자음, 모음 합치기	자음, 모음으로 나누기	단어
ㅈ / ㅏ / ㄴ → 잔	디 → ㄷ / ㅣ	잔디
ㄱ / ㅏ / ㄱ → 각	도 → ㄷ / ㅗ	각도
ㅂ / ㅣ → 비	늘 → ㄴ / ㅡ / ㄹ	비늘
ㅁ / ㅏ → 마	음 → ㅇ / ㅡ / ㅁ	마음

부록 활용 📖 TIP 학생 스스로 자음과 모음 글자를 각각 만들어 앞글자에 뒷글자를 연결시켜 보면서 단어를 만들어 봅니다.

✍️ 아래 빈칸을 채워 봅시다. 단어가 완성되면 직접 만들어 보아요. 부록

자음, 모음 합치기	자음, 모음으로 나누기	단어
ㅂ ㅏ ㅂ → 밥	통 → ㅌ ㅗ ㅇ	밥통
ㄱ ㅗ ㅇ → 공	짜 → ㅉ ㅏ	공짜
ㅅ ㅐ ㅇ → 생	각 → ㄱ ㅏ ㄱ	생각

3단계 복습 활동지

49차시 ▶

📖 **학습 목표** 받침이 있는 글자와 단어를 발음할 수 있다.

부록 활용 🔲 **TIP** 학생 스스로 자음과 모음 글자를 각각 만들어 앞글자에 뒷글자를 연결시켜 보면서 단어를 만들어 봅니다.

🖐 아래 빈칸을 채워 봅시다. 단어가 완성되면 직접 만들어 보아요. **부록**

자음, 모음 합치기	자음, 모음으로 나누기	단어
ㅂ ㅏ ㄷ → 받	다 → ㄷ ㅏ	받다
ㅆ ㅣ ㅅ → 씻	다 → ㄷ ㅏ	씻다
ㄱ ㅏ ㅆ → 갔	다 → ㄷ ㅏ	갔다
ㅈ ㅣ ㅈ → 짖	다 → ㄷ ㅏ	짖다

아래 빈칸을 채워 봅시다. 단어가 완성되면 직접 만들어 보아요. 부록

자음, 모음 합치기	자음, 모음으로 나누기	단어
ㅉ ㅗ ㅊ → 쫓	다 → ㄷ ㅏ	쫓다
ㅂ ㅜ ㅌ → 붙	다 → ㄷ ㅏ	붙다
ㅆ ㅏ ㅎ → 쌓	다 → ㄷ ㅏ	쌓다

50차시 ▶ 3단계 복습 활동지

 학습 목표 받침이 있는 글자와 단어를 발음할 수 있다.

부록 활용 📖 TIP 학생 스스로 자음과 모음 글자를 각각 만들어 앞글자에 뒷글자를 연결시켜 보면서 단어를 만들어 봅니다.

🖊 아래 빈칸을 채워 봅시다. 단어가 완성되면 직접 만들어 보아요. **부록**

부록 활용 TIP 학생 스스로 자음과 모음 글자를 각각 만들어 앞글자에 뒷글자를 연결시켜 보면서 단어를 만들어 봅니다.

아래 빈칸을 채워 봅시다. 단어가 완성되면 직접 만들어 보아요. 부록

자음, 모음 합치기	자음, 모음으로 나누기	단어
ㅇ ㅏ ㄴ → 안	팎 → ㅍ ㅏ ㄲ	안팎
ㄷ ㅓ ㅍ → 덮	밥 → ㅂ ㅏ ㅂ	덮밥
ㄲ ㅏ ㄲ → 깎	기 → ㄱ ㅣ	깎기

3단계 복습 활동지

📖 **학습 목표** 받침이 있는 글자와 단어를 발음할 수 있다.

✏️ 아래 설명을 듣고 올바른 답을 적어 보세요. 글자를 직접 만들고 받침을 빼 보면서 해요. **부록**

떡	'떡'에서 받침 '윽'소리를 빼면 어떤 소리가 남을까요?	떠
문	'문'에서 받침 '은'소리를 빼면 어떤 소리가 남을까요?	무
곰	'곰'에서 받침 '음'소리를 빼면 어떤 소리가 남을까요?	고
컵	'컵'에서 받침 '읍'소리를 빼면 어떤 소리가 남을까요?	커
못	'못'에서 받침 '읏'소리를 빼면 어떤 소리가 남을까요?	모
약	'약'에서 받침 '윽'소리를 빼면 어떤 소리가 남을까요?	야
집	'집'에서 받침 '읍'소리를 빼면 어떤 소리가 남을까요?	지
탓	'탓'에서 받침 '읏'소리를 빼면 어떤 소리가 남을까요?	타
길	'길'에서 받침 '을'소리를 빼면 어떤 소리가 남을까요?	기
땅	'땅'에서 받침 '응'소리를 빼면 어떤 소리가 남을까요?	따
턱	'턱'에서 받침 '윽'소리를 빼면 어떤 소리가 남을까요?	터
불	'불'에서 받침 '을'소리를 빼면 어떤 소리가 남을까요?	부
산	'산'에서 받침 '은'소리를 빼면 어떤 소리가 남을까요?	사

3단계 복습 활동지

📖 **학습 목표** 받침이 있는 글자와 단어를 발음할 수 있다.

📓 아래 설명을 듣고 올바른 답을 적어 보세요. 글자를 직접 만들고 바꾸면서 해요. **부록**

수박	'수박'에서 '수'를 '호'로 바꾸면 무슨 소리가 될까요?	호박
단추	'단추'에서 '단'을 '상'으로 바꾸면 무슨 소리가 될까요?	고추
동전	'동전'에서 '동'을 '염'으로 바꾸면 무슨 소리가 될까요?	염전
염소	'염소'에서 '염'을 '산'으로 바꾸면 무슨 소리가 될까요?	산소
통발	'통발'에서 '통'을 '단'으로 바꾸면 무슨 소리가 될까요?	단발
북쪽	'북쪽'에서 '북'을 '동'으로 바꾸면 무슨 소리가 될까요?	동쪽
수첩	'수첩'에서 '수'를 '간'으로 바꾸면 무슨 소리가 될까요?	간첩

연습	'연습'에서 '습'을 '기'로 바꾸면 무슨 소리가 될까요?	연기
사슴	'사슴'에서 '슴'을 '자'로 바꾸면 무슨 소리가 될까요?	사진
김밥	'김밥'에서 '밥'을 '치'로 바꾸면 무슨 소리가 될까요?	김치
소금	'소금'에서 '금'을 '장'으로 바꾸면 무슨 소리가 될까요?	소장
포장	'포장'에서 '장'을 '기'로 바꾸면 무슨 소리가 될까요?	포기
마늘	'마늘'에서 '늘'을 '차'로 바꾸면 무슨 소리가 될까요?	마차
공책	'공책'에서 '책'을 '기'로 바꾸면 무슨 소리가 될까요?	공기

53차시 ▶ # 3단계 복습 활동지

📖 **학습 목표** 받침이 있는 글자와 단어를 발음할 수 있다.

부록 활용 🔖 **TIP** 학생 스스로 자음과 모음 글자를 각각 만들어 앞글자에 뒷글자를 연결시켜 보면서 단어를 만들어 봅니다.

✏ 아래 자음과 모음을 조합하여 세 글자 단어를 만들어 봅시다. **부록**

첫 번째 소리	ㄱ	ㄷ	ㄹ	ㅇ	ㅅ	ㅈ	ㅎ	ㅁ	ㄴ	ㅌ
두 번째 소리	ㅏ	ㅗ	ㅣ	ㅛ	ㅑ	ㅟ	ㅡ	ㅕ	ㅜ	ㅠ
끝소리	ㅁ	ㄴ	ㄹ	ㅇ	ㅆ	ㅍ	ㄱ	ㅂ	ㅅ	ㄷ

다람쥐

ㄷ ㅏ	ㄹ ㅏ	ㅈ ㅣ		ㄷ ㅗ	ㅅ ㅜ	ㄹ ㅣ
	ㅁ	ㅜ		ㄱ		

도라지 / 곰돌이

ㄷ ㅗ	ㄹ ㅏ	ㅈ ㅣ		ㄱ ㅗ	ㄷ ㅗ	ㅇ ㅣ
				ㅁ	ㄹ	

소나무 / 눈사람

ㅅ ㅗ	ㄴ ㅏ	ㅁ ㅜ		ㄴ ㅜ	ㅅ ㅏ	ㄹ ㅏ
				ㄴ		ㅁ

혓바닥 / 높았다

ㅎ ㅕ	ㅂ ㅏ	ㄷ ㅏ		ㄴ ㅗ	ㅇ ㅏ	ㄷ ㅏ
ㅅ		ㄱ		ㅍ	ㅆ	

54차시 ▶ 3단계 복습 활동지

📖 **학습 목표** 받침이 있는 글자와 단어를 발음할 수 있다.

부록 활용 📝 **TIP** 학생 스스로 자음과 모음 글자를 각각 만들어 앞글자에 뒷글자를 연결시켜 보면서 단어를 만들어 봅니다.

✏️ 아래 자음과 모음을 조합하여 두 글자 단어를 만들어 봅시다. **부록**

첫 번째 소리	ㅎ	ㄴ	ㅅ	ㄷ	ㄹ	ㅃ	ㄱ	ㅈ
두 번째 소리	ㅏ	ㅗ	ㅡ	ㅐ	ㅕ	ㅜ	ㅡ	ㅓ
끝소리	ㄱ	ㅇ	ㄹ	ㅅ	ㅂ	ㄷ	ㄴ	ㅌ

ㅎ	ㅏ	ㄴ			ㄴ	ㄹ	ㅏ			ㅃ	ㅏ	ㄱ	ㅏ
		ㅡ			ㅗ		ㅇ				ㄹ		ㅇ
		ㄹ											

ㅎ	ㅅ	ㅣ			ㄱ	ㅕ	ㅈ	ㅏ		ㅅ	ㅣ	ㄱ	ㅣ
ㅗ											ㅡ		
ㄱ											ㄹ		

ㄷ	ㅅ			ㅃ	ㅏ	ㄹ	ㅐ			ㄴ	ㅏ	ㄱ	ㅐ
ㅗ	ㅗ				ㄹ						ㄹ		
ㄹ	ㅌ												

55차시 ▶

3단계 복습 활동지

📖 **학습 목표** 받침이 있는 글자와 단어를 발음할 수 있다.

부록 활용 📑 **TIP** 학생 스스로 자음과 모음 글자를 각각 만들어 앞글자에 뒷글자를 연결시켜 보면서 단어를 만들어 봅니다.

👉 아래 자음과 모음을 조합하여 두 글자 단어를 만들어 봅시다. **부록**

첫 번째 소리	ㄱ	ㅁ	ㅇ	ㅈ	ㄹ	ㄴ	ㅊ
두 번째 소리	ㅏ	ㅣ	ㅓ	ㅡ	ㅜ	ㅗ	ㅐ
끝소리	ㄱ	ㄹ	ㅇ	ㅁ	ㅅ	ㄴ	ㅆ

글자 조합 활동 칸:

- ㄱ ㅏ / ㄹ | ㅁ ㅐ | ㄱ ㅣ
- ㄱ ㅓ / ㄱ | ㅈ ㅓ / ㅇ
- ㅈ / ㅗ | ㄹ ㅏ / ㅇ | ㅁ ㅏ / ㄹ
- ㄱ / ㅜ / ㄱ | ㅈ ㅏ
- ㅁ / ㅜ / ㄹ | ㄴ / ㅗ / ㄹ | ㅇ ㅣ
- ㅁ ㅓ ㄹ ㅣ
- ㅇ / ㅗ / ㅅ | ㄱ ㅓ / ㄹ | ㅇ ㅣ
- ㅇ ㅓ / ㅁ | ㅁ ㅏ

저자 소개

김동일(Kim, Dongil)

현재 서울대학교 사범대학 교육학과 교육상담전공 및 대학원 특수교육전공 주임교수로 재직하고 있다. 서울대학교 교육학과를 졸업하고 교육부 국비유학생으로 도미하여 미네소타 대학교 교육심리학과(학습장애 전공)에서 석사·박사 학위를 취득하였다. Developmental Studies Center, Research Associate, 한국청소년상담원 상담교수, 경인교육대학교 교육학과 교수, 한국학습장애학회 회장, 한국교육심리학회 부회장, (사)한국상담학회 법인이사, 한국청소년상담(복지개발)원 법인이사, BK21 PLUS 미래교육디자인연구사업단 단장을 역임하였다. 2002년부터 국가 수준의 인터넷중독 척도와 개입 연구를 진행해 왔으며, 정보화역기능예방사업에 대한 공로로 행정안전부 장관표창을 수상하였다. 현재 서울대학교 다중지능창의성연구센터(SNU MIMC Center) 소장, 서울대학교 특수교육연구소(SNU SERI) 소장 및 한국아동·청소년상담학회 회장, 한국인터넷중독학회 부회장, 여성가족부 청소년보호위원회 위원, (사)한국교육심리학회 법인이사 등으로 봉직하고 있다. 『바사와 함께하는 증거기반 수학 문장제 교수-학습 전략』(학지사, 2015), 『BASA-ALSA와 함께하는 학습전략 프로그램 워크북』(학지사, 2015), 『학습장애아동의 이해와 교육(3판)』(공저, 학지사, 2016), 『특수아상담』(공저, 학지사, 2016), 『교육평가의 이해(2판)』(공저, 학지사, 2016)을 비롯하여 50여권의 (공)저서와 200여편의 학술논문이 있으며, 20개의 표준화 심리검사를 개발하고, 20편의 상담사례 논문을 발표하였다.

2014년 정부(교육부)의 재원으로
한국연구재단의 지원을 받은 연구로 진행되었음
(NRF-2014S1A5A2A03064945)

연구책임자　김동일(서울대학교 교육학과)

참여연구원　김희주(서울대학교 특수교육연구소)

안예지(서울대학교 특수교육연구소)

이미지(서울대학교 특수교육연구소)

장세영(서울대학교 특수교육연구소)

신혜연 Gladys(서울대학교 특수교육연구소)

임희진(서울대학교 특수교육연구소)

황지영(서울대학교 특수교육연구소)

안성진(서울대학교 특수교육연구소)

교사용 지침서

BASA와 함께하는
읽기능력 증진 개별화 프로그램

읽기 나침반
❶ 음운인식편

2017년 10월 25일 1판 1쇄 발행
2023년 08월 10일 1판 2쇄 발행

지은이 • 김동일
펴낸이 • 김진환
펴낸곳 • (주) **학지사**
　　　　 04031 서울특별시 마포구 양화로 15길 20 마인드월드빌딩
대표전화 • 02)330-5114　　 팩스 • 02)324-2345
등록번호 • 제313-2006-000265호

홈페이지 • http://www.hakjisa.co.kr
인스타그램 • https://www.instagram.com/hakjisabook

ISBN 978-89-997-1412-2 94370
　　　 978-89-997-1410-8 (set)

정가 15,000원

출판미디어기업 **학지사**

간호보건의학출판 **학지사메디컬** www.hakjisamd.co.kr
심리검사연구소 **인싸이트** www.inpsyt.co.kr
학술논문서비스 **뉴논문** www.newnonmun.com
교육연수원 **카운피아** www.counpia.com